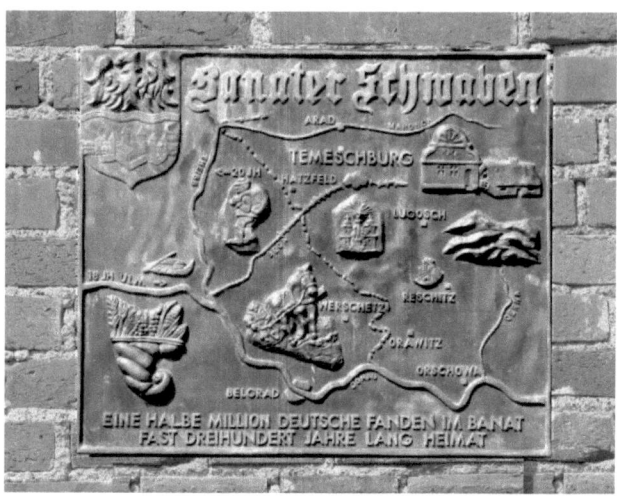

Das Coverbild stammt von einer Gedenktafel
des Donauschwabendenkmals vom
Donauschwabenufer in Ulm an der Donau.

Franz Balzer

Gymnasien im Würgegriff der Mediendiktatur

2. ergänzte Auflage

Werden Gymnasiallehrer, Studenten und
andere angehende Lehrer in deutschen Lehrerfortbildungsanstalten von vermeintlichen
Literaturexperten mit Unterstützung der
freien, deutschen Medien für ihre unwürdigen,
ideologischen Ziele instrumentalisiert
und benutzt?

Beiträge zum Thema:
Banater Schwaben und ihre Diskriminierung

Inhaltsverzeichnis

Vorwort -- 6

Brief an die Referenten der Tagung „Herta Müller –
Gegenwartsliteratur denken" im Kloster Bronnbach----------- 13

„Herta Müller - Gegenwartsliteratur denken" von Elisabeth
Anton-- 33

Schreiben an die Referenten der Tagung „Kindheit und Jugend
in fiktiven und realen Beschreibungen"-------------------------- 43

Ein Handbuch von äußerst großem literarischen Wert – aber
für wen?... --- 63

Stuttgarter Gespräch - 2018--- 73

An das Auersperg-Gymnasium Passau-------------------------- 94

An das Gymnasium Bad Iburg / Europaschule -------------- 115

Wird eine Lüge, die nur oft genug wiederholt wird, zur
Wahrheit?--- 117

Wie die Banater Schwaben Herta Müllers „Niederungen"
1982/1984 sahen-- 131

betr.: Verleihung des Ovid-Preises ------------------------------ 138

Herta Müllers Veröffentlichungen in der „Neuen Literatur"
1979 - 1989-- 145

Herta Müller - Übersicht – Medien - Exilmuseum ----------- 149

Herrn Mascolo und Rechercheverbund--------------------159

TRILOGIE: Die Banater Schwaben und ihre Diskriminierung:

1.) **„Gehört Verleumdung zum Brauchtum der Banater Schwaben?"** In diesem Buch wird hauptsächlich über die uneinsichtigen, verlogenen Medien berichtet.

2.) **„Der Extremist"** Hier werden die Briefe an Politiker und Professoren-Doktoren wiedergegeben. (Ein Buch – drei Meinungen?)

3.) **„Gymnasien im Würgegriff der Mediendiktatur"**
Das aktuelle Buch, das Briefe an Gymnasiallehrer und weitere Professoren-Doktoren beinhaltet.

Vorwort

Es wird jedem Leser aufgefallen sein, dass der gewählte Titel von mir recht auffällig gewählt wurde: Gymnasien im Würgegriff der Mediendiktatur. Ich glaube, ich muss mich diesbezüglich in aller erster Linie rechtfertigen und den gewählten Titel erklären. Denn die Bedeutung für „Diktatur" gibt es zwar im Duden und auf Wikipedia, aber eine „Mediendiktatur" ist dort nicht zu finden.

Der große Duden – Bedeutungswörterbuch:
Diktatur: Staat, mit einer Herrschaft, die sich nicht an das Recht gebunden fühlt und willkürlich entscheiden kann.
Diktator: Jemand, der mit Gewalt herrscht.
Diktatorisch: Jemand, der keinen Widerspruch duldet, der autoritär ist.

Wikipedia:
Die Diktatur (von lateinisch *dictatura*) ist eine Herrschaftsform, die sich durch eine einzelne regierende Person, den Diktator, oder eine regierende Gruppe von Personen mit weitreichender bis unbeschränkter politischer Macht auszeichnet. [...] Heute wird der Begriff verbreitet zur Beschreibung einer Gewaltherrschaft verwendet. [...]
Beispiele: Weimarer Republik, Diktatur des Proletariats, totalitäre Regimen des Faschismus, Nationalsozialismus, Stalinismus, usw.

Wir leben heute in einem freiheitlich demokratischen Rechtsstaat, einem Land mit verfassungsmäßig zugesicherten Rechten: Pressefreiheit, Meinungsfreiheit, Künstlerfreiheit, usw. Den Medien kommt aus diesem Kontext eine sehr wichtige Aufgabe zu, und zwar den **von ihrer Ausgewogenheit abhängigen Bürger mit wahrheitsgemäßen aktuellen Nachrichten zu versorgen.** Es hat sich im Laufe der Geschichte allerdings herausgestellt, dass die Medien (in der Regel) den regierenden Parteien hörig waren und nur das berichteten, was die Machthaber wollten. Das war bei den Nazis so, das war bei den Kommunisten so. Und wie ist es heute? Heute, Anno Domini 2019, im freien, demokratischen Deutschland? Von manchen Medienvertretern wird stur und eigensinnig über etwas berichtet, worüber sie keine Ahnung haben, reagieren auf mögliche Hinweise auf gemachte Fehler nicht, führen sich auf, wie Diktatoren, die sich nichts sagen lassen und handeln, wie in einer Diktatur, wie ein Staat im Staat, denn man kann sich ja auf die Pressefreiheit berufen. Bedeutet aber diese Pressefreiheit, dass man dadurch so frei ist, dass alles, was unter die Tastatur kommt – ob richtig oder falsch – ob wahr oder gelogen – auch an die ahnungslosen, wissbegierigen Leser kommt?

Nun konnte ich seit acht Jahren feststellen, dass die Leser in Bezug auf irgendwelche Berichterstattungen regelmäßig belogen wurden. Ich habe mehr als 40 Redaktionen, meist Kulturredaktionen, angeschrieben und die Sachlage erklärt, aber bisher haben kaum 2-3 aufrichtige Redakteure geantwortet. Alle anderen rechne ich der Gruppe Mediendiktatur zu. Sie berichteten etwas Falsches, sind nicht bereit die gemachten Fehler zu berichtigen und veröffentlichen jedesmal dieselben Lügen. Ja und die größte Unverschämtheit – man bekommt nicht einmal eine Antwort, dass das Schreiben eingegangen wäre. Das ist dann auch noch Volldiskriminierung durch Medienvertreter, die eine Meinungsdiktatur betreiben (es zählt nur ihre Meinung, obwohl die falsch ist, jegliche andersklingende Meinungen, wenn es auch die Fakten sind, werden unterdrückt, verschwiegen, Kommentare in Portalen gelöscht).
Daher habe ich den Begriff auf Mediendiktatur erweitert.

Und was hat das mit Gymnasien zu tun?
Vor einigen Tagen habe ich einen Bericht im Fernsehen gesehen, der mich aufhorchen ließ! Da wurde berichtet, dass eine Gymnasiastin, nachdem sie das Abitur abgelegt und einen Beruf erlernt hatte, einen anständigen Dienst angetreten hat und auch noch verbeamtet wurde. Und was hat sie gemacht? Sie hat ALLES hingeschmissen und ist zum IS nach Syrien.

Man wird nie erfahren können, was in den Köpfen der Leute vorgeht. Es darf auch jeder mit seinem Leben machen, was er will. Aber ich wäre doch neugierig, was an deutschen Gymnasien gemacht wird, dass Absolventen sich der Situation, in welcher sie sich befinden, nicht im Klaren sind. Ist das das Ergebnis einer schleichenden, unbemerkten Indoktrination?

Ich hatte mal mehrere Gymnasien und Medienvertreter angeschrieben, nachdem man berichtete, dass meine „Lieblingsautoren" Herta Müller und Cătălin Dorian Florescu an den Gymnasien Lesungen halten sollten. Die Werke, aus welchen gelesen wurde, sind aber für den Volksstamm, der darin beschrieben wird, würdeverletzend, erniedrigend und volksverhetzend. Aber alle Qualitätsmedien berichteten über diese „neue, preiswürdige, deutsche Literatur". Den Volksstamm kenne ich ganz genau. Es handelt sich um eine ehemalige unterdrückte Minderheit aus dem kommunistischen Rumänien und die Autoren sind Privilegierte der damaligen kommunistischen Diktatur. Und unsere angeblich freien Medien wurden ihrer Aufgabe, eine ausgewogene Berichterstattung über den Inhalt der Schriftstücke zu machen, nicht gerecht und berichteten nur im Sinne der ehemaligen, kommunistischen Machthaber. Mir kam es so vor, als ob ich in einer kommunistischen Diktatur aufgewacht wäre und die Medien berichteten „linientreu" im Sinne dieser Diktatur. Das war ein erneuter Impuls für mich über eine Mediendiktatur nachzudenken.

Ein weiterer Punkt, der mir zu denken gab, war ein Artikel in der „Zeit" vom Chefredakteur – Giovanni di Lorenzo – selbst, in welchem er sinngemäß folgendermaßen „fabulierte": „Die Umwandlung der Gesellschaftsordnung in eine kommunistische muss schleichend und unbemerkt in den Köpfen der Menschen erfolgen. Zuallererst müssen die Lehrer in den Schulen und die Professoren in den Lehrerfortbildungsanstalten schleichend und unbemerkt ‚umerzogen' werden." Wenn ich mir nun die in hohen Tönen erfolgten Berichterstattungen über die, die Banater Schwaben, Opfer der kommunistischen Diktatur, diskriminierenden Werke ansehe, beobachte, wie Lehrer und Schüler an diversen Schulen instrumentalisiert und animiert werden, diese Werke zu kaufen und gleichzeitig feststellen muss, dass kein Schüler oder Lehrer es wagt, etwas Negatives über die Medien zu sagen/schreiben, dann muss ich annehmen, dass das von Giovanni di Lorenzo „Fabulierte" bei uns schon Realität ist.

Was ist Indoktrination?
Wörterbuch/Duden: Die massive psychologische Mittel nutzende Beeinflussung von Einzelnen oder ganzen Gruppen der Gesellschaft im Hinblick auf die Bildung einer bestimmten Meinung oder Einstellung.
Wikipedia: „Indoktrination (lateinisch *doctrina* „Belehrung") ist eine besonders vehemente, keinen Widerspruch und keine Diskussion zulassende Belehrung. Das geschieht durch gezielte Manipulation von Menschen durch gesteuerte Auswahl von Informationen, um ideologische Absichten durchzusetzen oder Kritik auszuschalten.

Ein wesentliches Merkmal bzw. eine zentrale Methode der Indoktrination ist die Propaganda. Die Form der Informationsdarbietung ist hier einseitig verzerrt, die Gesamtheit der verfügbaren Informationen wird zensiert, die der Ideologie widersprechenden Angaben werden zurückgehalten, deren Äußerung mit diskreten Benachteiligungen oder konkreten Strafen droht."

[Ein relativ aktuelles Beispiel, wie eine schleichende, unbemerkte Indoktrination durch die Medien erfolgen kann. Es wird den Personen, die gerade eine Sendung sehen, oder einen Bericht lesen, etwas ins Unterbewusstsein „eingeschleust", ohne dass jemand etwas bemerkt davon. Auswirkungen kommen erst später. Bei den Randalen in Chemnitz (2018) wurde pausenlos über die Geschehnisse berichtet. Und egal was gesagt wurde und wenn man keine anderen Bilder hatte, wurde ständig diese Marx-Statue (die immer im Mittelpunkt stand) gezeigt. Alle, die es bemerkt haben, die wussten, die Berichterstattung kommt aus einer „linken" Ecke. Aber alle, die es nicht bemerkt haben, bei denen blieb es im Unterbewusstsein hängen und wird eines Tages ausbrechen – und zwar genau aus der „linken" Ecke der Gesellschaftsordnung.]

So. Und wenn ich mir die Berichterstattungen über die Werke, in welchen die Banater Schwaben erniedrigt und diskriminiert wurden, genauer betrachte, dann kann ich feststellen, dass alles was hier vorher über die Indoktrination geschrieben wurde, auf diese Kommentare übertragen werden kann. Zum Beispiel: Falschberichte zur „Beeinflussung von Einzelnen oder ganzen Gruppen der Gesellschaft" – alle Leser werden in die Irre geführt. Unsere Kritik und Rezensionen werden nicht beachtet, unterdrückt und gelöscht. „Das geschieht durch gezielte Manipulation von Menschen durch gesteuerte Auswahl von Informationen, um ideologische Absichten durchzusetzen oder Kritik auszuschalten." Oder: „Die Form der Informationsdarbietung ist hier einseitig verzerrt, die Gesamtheit der verfügbaren Informationen wird zensiert". Was nicht der eigenen Meinung der Redakteure entspricht, wird nicht veröffentlicht. Banater Schwaben dürfen keine eigene Meinung haben, denn es sind Sklaven der rumänischen kommunistischen Diktatur, die freigekauft wurden.

Stecken da auch wirklich ideologische Absichten dahinter? Meiner Meinung nach schon, denn die Banater Schwaben waren eine Minderheit im kommunistischen Rumänien, haben zum größten Teil den Kommunismus und die kommunistische Doktrin verlassen, galten deswegen für die Kommunisten als Verräter, Verbrecher und Überläufer (obwohl sie ja gar nicht dazu gehörten) und werden in der „neuen, deutschen" Literaturforschung als Aussätzige[1] behandelt, wobei man diese Literatur der systemtreuen Privilegierten Autoren auch noch mit Preisen belegt. Und die hochintelligenten Intellektuellen Literaturforscher (die auf Kosten der Steuerzahler forschen – aber in die falsche Richtung, was sie vertuschen und verschweigen müssen) können nur Freunde und Kollaborateure der Kommunisten gewesen sein. Ihre Gehilfen haben sie bei den „recherchierfreudigen" Medien (die sich noch nie um ein Yota Recherche bemüht haben, und alles von den fiktionalen Aussagen der Privilegierten, die ihre Vorteile bei den Kommunisten hier verschweigen müssen) gefunden. In diesem Sinne erfolgt eine Indoktrination infolge der Mediendiktatur, weil die Medien mit aller Gewalt ihre – in diesem Falle meist falschen – „Meinungen" als Wahrheit an die Leser bringen wollen. Handelt es sich hier nicht um die Intoleranz derer, die sich jahrzehntelang als „tolerant" ausgegeben haben?

Müssen heute Lehrer oder Professoren Angst haben, von den Qualitätsmedien (oder von eigenen intoleranten, ideologiebesessenen, links-grünen Kollegen) „niedergemacht" zu werden, wenn sie mal ein falsches Wort vor der Klasse sagen oder etwas behaupten, was nicht dem (teils hysterisch agierenden) Mainstream entspricht?

Warum wagt kein Professor oder Gymnasiallehrer eine Antwort auf meine Briefe zu geben? Fehlt es an Zeit, an Erziehung oder an der Angst, dass etwas an die „für alle Fälle" bereitstehenden Medien, in die Hände fällt (was ich nie tun würde). Dass Medienvertreter – hauptsächlich Kulturredakteure – keine Worte finden, um zu antworten, daran habe ich mich schon gewöhnt: Dreck am Stecken!

---

[1] Sie werden als frauenfeindliche, tierverachtende, chauvinistische, intolerante, dreckige, stinkige, besoffene, Mörder, Verbrecher, Brandstifter, Zigeunerjäger, Zigeunerhenker, Vergewaltiger und Geiselnehmer dargestellt. Das ist gute, neue, deutsche Literatur! Und für Herta Müller sind alle Nazis – die übelste Verleumdung!

Werden Schüler und Studenten instrumentalisiert? JA!
So geschah es beim Stuttgarter Gespräch 2018 mit Herta Müller.
Die Organisatoren waren die Stuttgarter Zeitung und die Robert-Bosch-Stiftung. Ich habe die Organisatoren im Vorfeld angeschrieben, um einen der 600 Plätze, die zu vergeben waren, zu ergattern. Leider waren schon alle Plätze vergeben. So sendete ich meine Fragen[2] für Herta Müller per E-Mail an die Organisatoren. Und was haben die gemacht? Sie haben drei ausländische Studentinnen und einen Württemberger „organisiert", um „ihre" Fragen an Herta Müller zu stellen. Meines Erachtens war das eine Instrumentalisierung dieser ahnungslosen Studenten für die Ziele der Organisatoren. Bloß keine kritischen Fragen! (Der Württemberger Student ist eigentlich Mitglied in einer Blaskapelle. Aber Herta Müller mag ja Blaskapellen gar nicht, denn die gab es auch in Rumänien bei den Banater Schwaben, aber deren Kultur konnte sie und ihr damaliger zweiter Ex NICHTS abgewinnen. Was für ein Widerspruch?)

Das Auersperg-Gymnasium Passau lud ein zu einer Lesung von C.D. Florescu und das Bad-Iburg-Gymnasium (eine Europaschule) zu einer Lesung und Diskussion mit Herta Müller und ihrem literarischen Aufpasser Ernest Wichner. Auch das – finde ich – waren Instrumentalisierungen der Gymnasial-Schüler (und vielleicht auch der Lehrer, denn niemand kannte/kennt dort die Geschichte der Banater Schwaben), zumal sie ja keine einzige kritische Stimme erfahren konnten. Ich habe beide Gymnasien angeschrieben[3].
Antwort: Pustekuchen!

Was schrieb doch Giovanni di Lorenzo?
„Die Umwandlung der Gesellschaftsordnung in eine kommunistische muss schleichend und unbemerkt in den Köpfen der Menschen erfolgen. Zuallererst müssen die Lehrer in den Schulen und die Professoren in den Lehrerfortbildungsanstalten schleichend und unbemerkt ‚umerzogen' werden!"

---

[2] Die Fragen stammen allerdings von Carl Gibson, der schon seit Jahren auf die Antworten wartet.
[3] „Jacob beschließt zu lieben" und „Niederungen" sollten auf den Index jugendgefährdender Schriften und nicht in Schulen vorgelesen werden.

Und das kann nur durch die Indoktrination und Mediendiktatur erfolgen. Wie ist denn das mit der „Fridays for Future"-Bewegung?

In diesem Buch werden mehrere Briefe an namhafte Professoren der Literatur und neuen, deutschen Literaturforschung sowie an zwei Gymnasien (die aber nur als Beispiele mehrerer Briefe an Schulen und Lehrerfortbildungsanstalten gelten sollen) wiedergegeben.

Daher kommt es vor, dass sich gelegentlich, je nach Inhalt, Textteile wiederholen. Ich habe diese nicht herausgeschnitten, denn sonst würden sie das Verständnis eines kompletten Bildes des Beschriebenen erschweren.

Ich bedanke mich bei Frau Elisabeth Anton für den zur Verfügung gestellten Beitrag. Elisabeth Anton ist eine Banaterin, mit akademischem Studium, die – genau so wie ich – die Wahrheit liebt. Sie war dort vor ihrer Ausreise aus Rumänien Gymnasiallehrerin.

Donauschwabendenkmal
Donauschwabenufer in Ulm an der Donau

Warum werden diese Menschen von charakterlosen Schriftstellern der „neuen, deutschen" Literatur verhöhnt und verspottet?

=> 12 <=

Brief an die Referenten der Tagung „Herta Müller – Gegenwartsliteratur denken" im Kloster Bronnbach

betr.: Pressefreiheit, Meinungsfreiheit, Forschungsfreiheit und Künstlerfreiheit trotz Volksverhetzung

hier: Öffentlicher Brief an die Referenten der Tagung „Herta Müller – Gegenwartsliteratur denken" im Kloster Bronnbach, Februar 2015.

An die Referenten der Tagung „Gegenwartsliteratur denken":

DR. MARTINA WERNLI (Universität Würzburg, Veranstalterin) Väter und Söhne, Hauptmänner und Frisöre. Männlichkeit bei Herta Müller.

Prof. Dr. Roland Borgards: Lehrstuhl für Neuere Deutsche Literaturgeschichte, Direktor der Würzburger Graduiertenschule für Geisteswissenschaften/Graduate School for the Humanities (GSH). Universität Würzburg, Institut für deutsche Philologie/Neuere deutsche Literaturgeschichte

PROF. DR. ULRIKE STEIERWALD (Leuphana Universität Lüneburg) Geschäftsführende Direktorin des Instituts für Deutsche Sprache und Literatur und ihre Didaktik Mitglied im Institut für Geschichtswissenschaften und literarische Kulturen

PROF. DR. NORBERT OTTO EKE (Universität Paderborn) ‚Zeit ist geblieben/Zeit ohne Zeit'. Chronotopische Konstruktionen im Werk Herta Müllers.

DR. UTE CHRISTIANE WEIDENHILLER (Rom) „Über das Glück nichts, sonst ist es keines mehr" – von der Paradoxie des Glücks bei Herta Müller

PROF. DR. PAOLA BOZZI (Universität Mailand) Professorin für Deutsche Literatur und Kultur an der Universität Mailand (Bachelor- und Master-Studiengänge). Studium der

=> 13 <=

Modernen Fremdsprachen und -literaturen an der Universität Mailand, Promotion im Fach Neuere Deutsche Literatur an der Humboldt-Universität zu Berlin.

DR. SHUANGZI LI (Göttingen)
Georg-August-Universität Göttingen, Seminar für deutsche Philologie.

JENS CHRISTIAN DEEG, M.A. (Universität Würzburg)
(Lehrstuhl für neuere deutsche Literaturgeschichte. Veranstalter)

PROF. DR. EVA KORMANN (KIT Karlsruhe)
Karlsruher Institut für Technologie (KIT)
Institut für Germanistik: Literatur, Sprache, Medien.

PROF. DR. RALPH KÖHNEN (Ruhr Universität Bochum)
Studienrat im Hochschuldienst Studienfachberater (Neuere Deutsche Literaturwissenschaft & Fachdidaktik/Master of Education).

PD DR. TANJA VAN HOORN (Leibniz Universität Hannover)
Tarnkappen, Geheimsprachen, Schmuggelware. Zerstörung in Herta Müllers Roman ,Herztier'.

DR. JEAN-PIERRE PALMIER (Universität Bielefeld)
Fakultät für Linguistik und Literaturwissenschaft.

DR. DIRK WEISSMANN (Universität Paris-Est)
Deutscher Akademischer Austauschdienst (DAAD)
Deutscher Germanistenverband

DR. MONIKA LEIPELT-TSAI (National Chengchi University, Taipei)
Dept. of European Languages and Cultures.

ASS. PROF. HIROSHI YAMAMOTO (Universität Waseda, Tokyo)
Zur Problematik der Übersetzbarkeit Herta Müllers

Netzwerk für literaturwissenschaftlichen Wissenstransfer
Humanities-Network for German Literature and Philology.

**Sehr geehrte Professoren-Doktoren,
Literaturwissenschaftler|nnen,**

Sie erforschen im Augenblick einen Bereich, der sich mit meinem Tätigkeitsfeld und Wissensfeld überschneidet. Ich bin gerade dabei eine „neue, deutsche Literatur", die aus den ehemaligen menschenunwürdigen Regimes zu uns überschwappt, die von Lesern und Literaturexperten als „gut und preiswürdig" bezeichnet wird, zu untersuchen. Sie müssen mir schon gestatten, auch eine Meinung dazu abgeben zu dürfen, zumal ich etwa 30 Jahre meines Lebens im rumänischen Banat zugebracht habe oder dort leben musste, damals ohne Aussicht auf ein Entkommen. Ich möchte Ihnen keineswegs irgendeinen Vorwurf machen, aber ich darf Sie darauf hinweisen, dass Sie bei Herta Müller und Cătălin Dorian Florescu (der auch schon jede Menge Preise von deutschen Medien und Institutionen erhalten hat) einige Dinge beachten sollten, die mich in meiner Recherche zur Schlussfolgerung brachten: Volksverhetzung den Banater Schwaben gegenüber und zwar noch unter dem Einfluss der ehemaligen altkommunistischen Machthabern in Rumänien aus jener Zeit (vor 1989).

**Gibt es bei uns (in Deutschland) Pressefreiheit?
Gibt es Forschungsfreiheit?
Gibt es bei uns Meinungsfreiheit?
Gibt es Künstlerfreiheit?**

Kann man und darf man diese Künstlerfreiheit dazu missbrauchen, einen ganzen Volksstamm – die Banater Schwaben - zu verleumden, beleidigen, erniedrigen, so entstellt darstellen, wie sie niemals waren – das ist Volksverhetzung - und weil in Deutschland keiner etwas weiß davon, oder so tut als ob er nichts wissen würde, die Autoren mit eine Menge Preise zu belohnen. Und das allergrößte Übel: Missachtung und Unterdrückung der Meinungsfreiheit! Und zwar genauso, wie in dem vor mehr als 20 Jahren untergegangenen Kommunismus in den ehemaligen östlichen Ländern Europas. In den Medien wird GLATT WEG „gelogen wie gedruckt" im wahrsten Sinne des Wortes und an Berichtigungen, die laut Pressekodex immer stattfinden sollten, ist nicht zu denken: Keine Antwort ist die Praxis! (Siehe einige Beispiele weiter unten.)

Sind wir heute in Deutschland näher am Kommunismus als je zuvor? Sind die 68er noch immer dabei, die Rolle der Kollaborateure zu übernehmen? Was sagte doch der ehemalige sowjetische Botschafter in Bonn, Valentin Falin, im deutschen Fernsehen: „Die Studentenunruhen im 1968 wurden vom KGB[4] angestachelt und angefeuert, um die westlichen Politiker von den Geschehnissen in der Tschechoslowakei (CSSR) abzulenken." So darf es niemanden mehr wundern, dass sie den „Wissenschaftlichen Sozialismus" studieren wollten, während andere in östlichen Diktaturen diesen studieren mussten, obwohl die das gar nicht wollten. (Die Bezeichnung RAF – Rote Armee Fraktion – sagt dabei auch viel aus.) In den 70er- und 80er-Jahren siedelten die Rumäniendeutschen in die Bundesrepublik um. Das muss ja für die 68er eine niederschmetternde erkenntnisreiche ideologische Niederlage gewesen sein, weil „ihr" Kommunismus ja dadurch in ihren Augen „Schaden" nahm. Genauso erging es der „Banater Aktionsgruppe", zu welcher Herta Müller nicht, aber ihr Mann Richard Wagner dazugehörte, die den 68ern sehr Nahe standen. Das wusste die rumänischen Securitate aber nicht, so dass die Aktionsgruppe zerschlagen wurde. (Es wäre aber auch möglich, dass das ein „Blendmanöver" war: Täuschung der Öffentlichkeit.)

Für wen gilt nun die Meinungsfreiheit in Deutschland?
Nur für Medien und 68ern?

Warum wird Carl Gibson (ein vom Ceauşescu-Regime ehemaliger politisch Inhaftierter) rausgemobbt? Warum darf Carl Gibson seine Meinung nicht öffentlich äußern? Weil die nicht mit der Herta Müllers und der 68er übereinstimmt? Wie sieht es mit Dieter M. aus? Die beiden haben eine Menge Unregelmäßigkeiten bei Herta Müllers Auftritten – bei welchen in Presseberichten in der Regel einige Mal gelogen wird – (siehe weiter unten) entlarvt. Carl Gibson hat über die Lügen, die Herta Müller und die Medien verbreiten, bereits drei Bücher geschrieben: „Die Zeit der Chamäleons", „Ohne Haftbefehl gehe ich nicht mit" und „Plagiat als Methode". Ich habe zuvor die Leuchtspur der Lügen, die von dem aus Rumänien stammenden und in der Schweiz lebenden „Ceauşescu-Verehrer", der einen volksverhetzenden Roman über meinen Geburtsort Triebswetter geschrieben hat, verfolgt. Keine einzige Zeitung, die über seinen „großen" Roman Loblieder schrieb, hat mir geantwortet, so dass ich letzten Endes ein

---

[4] KGB – der ehemalige sowjetische Geheimdienst

Buch schrieb (es ist aber keine schöngeistige Literatur, eher eine Kritik an den leserverachtenden und volksverdummenden Medien): „Gehört Verleumdung zum Brauchtum der Banater Schwaben?" Untertitel: „Ist der Medienbeitrag zum ‚großen' Roman ‚Jacob beschließt zu lieben' Fiktion oder Volksverdummung?" Dabei bin ich auf Unregelmäßigkeiten, die ich selbst bei Herta Müller - hauptsächlich in ihrem Werk „Niederungen" - entdeckt habe, eingegangen. Hier einen Ausschnitt aus dem Klappentext:

Der Autor und Verfasser dieses Werkes ist Triebswetterer, hat fast dreißig Jahre lang die rumänische kommunistische Diktatur am eigenen Leibe erlebt und kennt die Situation der Minderheiten im rumänischen Banat ganz genau. Leider kann man das von den Kommentatoren auf Bewertungsportalen oder Medienberichterstattern zum Roman „Jacob beschließt zu lieben" nicht mehr sagen. Sie bewerten etwas, wovon sie keine Ahnung haben. Wie sagte der berühmte Humorist Dieter Nuhr: „Wer keine Ahnung hat, einfach mal die Fresse halten". Es geht aber viel weiter. Die Sturheit und Kommunikationsverweigerung der Medienfuzzis hat bereits wieder „altkommunistische Züge" erreicht. Daher stellt der Autor mehrere Fragen, welche die Runde unter „Lobliedschreibern" machten. Hier liegt das Ergebnis einer dreijährigen Recherche des Autors vor. Es handelt sich um Fakten und nicht um „wahrscheinliche Meinungen".

Werden Triebswetterer und Banater Schwaben nach den Fiktionen und Lügen gewissenloser Hassromanschreiber „literarisch und redaktionell" beurteilt und behandelt? Sind die Methoden der menschenunwürdigen altkommunistischen Regierungen aus dem Osten Europas, wo Meinungs- und Pressefreiheit nur ein Traum waren, schon wieder vergessen? Und das kaum 20 Jahre danach? Und die nationalistischen, rassistischen Eskapaden mancher Autoren, die eher an die Nazizeit erinnern und nicht an eine freiheitliche, demokratische Rechtsordnung? Ist das auch noch „Künstlerfreiheit"? Haben Triebswetterer und andere Banater Schwaben keine verfassungsmäßig zugesicherten Rechte? Warum wird dann die Meinung der Betroffenen unterdrückt?

Das alles und noch etwas mehr wird in diesem Werk des Triebswetterer Autors behandelt. In der Hauptsache geht es um die Werke von Herta Müller, „Niederungen", und Cătălin Dorian Florescu, „Jacob beschließt zu lieben", die beide gleichermaßen die Triebs-

wetterer und Banater Schwaben zu ihren Hassobjekten gemacht haben, wobei eine Verbindung zu den ehemaligen kommunistischen Herrschern nicht von der Hand zu weisen ist. Und das noch mit Unterstützung mehrerer deutscher Institutionen und Medien. Sind wir heute näher am Kommunismus als je zuvor? Bei manchen Institutionen und Medien auf jeden Fall! Sei es aus Unwissenheit, Blödheit oder mit voller Absicht. Diese Frage wird in diesem Werk nicht beantwortet. Vielleicht kann sich der Leser einen „Reim" darauf machen. (Ende des Klappentextes.)
http://www.franz-balzer.de/verleumdung.htm

Herta Müller hat für ihren Roman „Atemschaukel" den Nobelpreis bekommen. Das Thema hat sie aber von Oskar Pastior (er hat erzählt und sie hat alles mitgeschrieben), der für die Securitate gearbeitet haben soll. Herta Müller stammt aus dem Banat und kann ihre Landsleute NICHT leiden, was in den „Niederungen" und verschiedenen Publikationen zur Geltung kam, Oskar Pastior (verstorben) war Siebenbürger Sachse. Banater Schwaben und Siebenbürger Sachsen waren (nach dem Krieg) gleichermaßen von den Deportationen nach Russland betroffen. Warum schreibt sie nur über deportierte Siebenbürger Sachsen und über Banater Schwaben nicht? (Die Banater Schwaben waren wohl schon in den „Niederungen" dran!)

Warum die Banater Schwaben es nicht verdient haben, dermaßen erniedrigend in der „neuen, deutschen" Literatur entstellt und volksverhetzend dargestellt zu werden und warum das nicht zur „guten, preiswürdigen, deutschen" Literatur gehören sollte?
Warum das in den Forschungen von Professoren-Doktoren auch beachtet werden sollte, erfahren Sie weiter unten.

Wer sind die Banater Schwaben? Oder Donauschwaben? (Kurze Geschichte.)
1299 – 1923 Die Osmanen bedrohen, erobern und besetzen die Länder Osteuropas, und stehen letztendlichen (1683) vor den Toren Wiens. (1521 wird Belgrad von den Osmanen erobert. 1552 fällt Temeswar für etwa 150 Jahre unter Osmanische Herrschaft.)
1618 – 1648 Dreißigjähriger Krieg (Wikipedia bzw. Deutsche Geschichte): Religionskrieg in Mitteleuropa, in welchem sich Gegensätze zwischen der Katholischen Liga und der Protestantischen Union innerhalb des Heiligen Römischen Reiches und der habsbur-

gisch-französische Gegensatz auf europäischer Ebene entluden...
Bis 1760 finden noch etliche andere Kriege statt. Der 30jährige Krieg
gehört überhaupt NICHT zur Geschichte der Ansiedlung der Banater
Schwaben.
12.09.1683 Die Osmanen werden aus der Umgebung Wiens vertrieben.
13.10.1716 Prinz Eugen befreit Temeswar von der 150jährigen
Osmanischen Herrschaft.
22.08.1717 Belgrad wird von der Osmanischen Herrschaft befreit.
Erst jetzt kann die Ansiedlung des Banates beginnen! Und heute
kommentiert ein Hohlkopf: „Und doch wurde jemand dafür vertrieben!"
1722 – 1726 Erster Schwabenzug,
1763 – 1772 Zweiter Schwabenzug.
(Umgesiedelt sind arme Bauern und Handwerker, die im damaligen
Banat verödete oder versumpfte Weidegebiete vorfanden, die durch
Trockenlegung zu geschlossenen Ackerbaulandschaften wurden.)
1781 – 1787 Dritter Schwabenzug: „Die Ersten fanden den Tod, die
Zweiten hatten die Not, und die Dritten erst das Brot".

Die österreichische Monarchie organisierte die Umsiedlungsaktionen
und versprach den Siedlern steuerliche Erleichterungen. Die Siedler
– anfangs wurde nur katholischen Familien die Auswanderung
gestattet – kamen aus Süddeutschland (Bayern, Württemberg, Baden, der Pfalz), Luxemburg, Elsass, Lothringen, usw. Alle trafen sich
in Ulm ein, um auf den „Ulmer Schachteln" die Reise auf der Donau
bis nach Wien zu bewältigen. Von Wien bis ins Banat waren es noch
400 km, die teils auf der Donau, teils auf dem Lande zurückgelegt
wurden. Diesem Umstand ist es wohl zu verdanken, dass sie „Donauschwaben" oder „Banater Schwaben" genannt wurden. (Und keiner von ihnen wollte sich mit fremden Federn schmücken!) Manche
verunglückten auf der Donau, manche wurden von den dortigen Einheimischen überfallen, ausgeraubt und auch ermordet. Krankheiten
und Überschwemmungen im Ankunftsgebiet waren nicht selten und
haben so manche Siedler dahingerafft. Es gelang jedoch blühende
Dörfer, Felder und Gärten zu gestalten. Das Banat war unter Österreichisch-ungarischer Herrschaft, gehörte genau zu Südungarn. Das
Banat wurde oft auch die „Kornkammer" Europas genannt. Obwohl
die Landessprache einige Mal wechselte, blieb die deutsche Sprache – oder das, was aus der Verschmelzung der ganzen vorhandenen Dialekte, darunter auch Französisch – als „Banatschwäbisch"

entstanden ist. Die „Idylle" wurde vom Ersten Weltkrieg gestört. Das Banat gehörte letzten Endes zu den Verlierern und wurde in drei (ungleiche) Teile geteilt, der größte Teil fiel 1920 zusammen mit Transsylvanien an Rumänien. Ein rumänischer Journalist, Dan Adrian Cărămidariu, schreibt, dass damals „die Tragödie des Banates" („Tragedia Banatului") begann. Und 90 Jahre danach – die Kummerkammer Europas – gibt es nur noch vereinzelt Rumäniendeutsche im Banat und Siebenbürgen.

(Was schreibt Alexander Graf in seinem Buch „Auf der Suche nach unseren Wurzeln". Zitat Seite 5: „Dass wir *fast* alle Nachkommen tüchtiger, fleißiger Bauern und Handwerker sind, die eine beispiellose Lebensleistung erbracht haben, ohne die es keine menschenwürdige Zukunft für uns und unsere Kinder und Enkelkinder gegeben hätte... In der sozialistischen Ära hat man versucht die Leistungen unserer Vorfahren klein zu reden, einige Schriftsteller haben sich nicht gescheut das Menschenbild der Schwaben verzerrt, JA FALSCH darzustellen." Aber es gibt auch Ausnahmen, so in dem Buch 'Ghidul Banatului' von Dr. Emil Grădinariu und Ion Stoia-Udrea: „Die Schwaben sind ein fleißiges Volk und haben mit ökonomischem Sachverstand in kurzer Zeit eine ausgezeichnete materielle Basis geschaffen... Sie sind bewundernswerte Landwirte... mit gut ausgestatteten, ordentlichen Bauernhöfen." Davon finde ich bei Herta Müller und C.D. Florescu NICHTS! Warum? Weil BEIDE „geistig" noch NIE dort waren! Und warum *fast* alle? Weil einige ihre Herkunft vergessen haben – sie vielleicht gar nicht kannten oder kennen – und heute ihre „freie Meinung" äußern dürfen, auch wenn die historischen Sachverhalte total falsch dargestellt werden!)

Mit dem Lebensstandard ging es abwärts aber mit der Unzufriedenheit mit den neuen Machthabern aufwärts, so dass Hitler nach seiner Machtübernahme ein leichtes Spiel hatte. Rumänien ging sogar einen Pakt mit Hitlerdeutschland ein und marschierte Seite an Seite mit Deutschland in die Sowjetunion ein. (Ob sich alle freiwillig ins deutsche Heer einreihten, sei mal dahingestellt. Bei dem Übergang aus der rumänischen in die deutsche Kaserne wurden die „Freiwilligen" mit aufgepflanzten Gewehren „begleitet". Wer nicht mitmachte, dem wurden die Fensterscheiben zertrümmert und auch Schlimmeres angetan. Mussten in Deutschland nicht auch alle „freiwillig" mitmarschieren?) Nach dem Fiasko von Stalingrad, wechselten die Rumänen die Fronten und die Deutschen aus Rumänien waren ALLE „Nazis" und mussten vor der Roten Armee flüchten.

Nach dem Krieg begann die Zeit der Enteignungen und Deportationen (Russland für Banater Schwaben und Siebenbürger Sachsen und Bărăgan nur für Banater Schwaben, die dort der einheimischen rumänischen Bevölkerung – falls vorhanden – als Verbrecher vorgestellt wurden). In die leergeräumten Häuser zogen die Nationalkommunisten (siehe auch Eginald Schlattner, „Rote Handschuhe", Seite 118) der ersten Stunde ein. Gleichzeitig hatte man „Angst", dass Revanchisten aus dem Ausland kommen, um die „angeblichen" Errungenschaften und den Aufbau des Kommunismus zu stören, so dass man sich mit gut bewachten Grenzen und gut ausgebildeten und bewaffneten Grenzern, sowie mit einem Geheimdienst (der Securitate), der mit der Gestapo konkurrieren konnte, „schützen" musste. Es kam kein einziger Eindringling, es wurden nur Menschen, die aus dem „glücklichen" Kommunismus fliehen wollten, entweder gleich erschossen oder jahrelang eingesperrt. Durch die Kollektivierung verloren die deutschen Bauern (Rumänen zwar auch, aber die hatten nicht so große Verluste, gerade im Banat nicht) fast alles was sie hatten. Mit der Landwirtschaft und Industrie ging es immer mehr bergab. Reisefreiheit und Meinungsfreiheit waren für alle Fremdwörter, nur für einige von der kommunistischen Partei (RKP) Privilegierte nicht. Das Spitzelwesen funktionierte hervorragend, auch heute noch. Wenn die ehemalige DDR ein Unrechtsstaat war, was war dann Rumänien?

Fast alle Rumäniendeutschen verspürten den Drang nach Freiheit. Dieser Freiheitsdrang wurde vom Regime unterdrückt, weil es verhindern wollte, dass der Kommunismus im Ausland „Schaden" nimmt. Ja auch für unsere 68er und jene, die deren Geist weiterpflegen, muss es eine Blamage ihrer stumpfen Ideen gewesen sein. Allerdings wollten nicht alle das Land verlassen, denn einige (wenige) hatten sich mit dem Regime „arrangiert" (und wurden zu Privilegierten). Irgendwann begann eine Ausreisewelle, viele „schmierten" mit Devisen gewisse Stellen der Securitate, um schneller an die Ausreisepapiere zu gelangen. Gleichzeitig hat der Deutsche Staat für die Ausreisewilligen (70er- und 80er-Jahre) bezahlt, was in den TV Beiträgen „Teurer Freikauf" und „Deutsche gegen Devisen" dargestellt wurde. Ganz sicher sind auch einige Spitzel „eingekauft" worden. Ja unter Banater Schwaben und Siebenbürger Sachsen waren auch welche dabei, die heute mehr Freiheiten genießen, als die Rumäniendeutschen seinerzeit unter Hammer und Sichel und sie dürfen auch ihre freie Meinung äußern (die ehemaligen Privilegierten).

Nun wird in der neuen, deutschen Literatur, die mit den ehemaligen Machthabern recht enge Kontakte hatten, versucht das Ansehen der Banater Schwaben zu beschmutzen. Wie sagte doch Alexander Graf: „...die Leistungen unserer Vorfahren klein zu reden, einige Schriftsteller haben sich nicht gescheut das Menschenbild der Schwaben verzerrt, JA FALSCH darzustellen." Das war nicht nur damals so, das ist auch heute noch so und zwar unter dem „Schutz und Schirm" der Künstlerfreiheit. Und sie fanden sogar einen Fanclub, der am „Straßenrand" steht, jubelt und Preise vergibt! Trotz Volksverhetzung! Die gedemütigten und diskriminierten Banater Schwaben haben „kein Recht", ihre Meinung in den Medien zu äußern. Moderne Pressefreiheit für Privilegierte! Oder menschenunwürdige, leserverachtende Volksverdummung?

Die Banater Bauern – so Herta Müller – die arbeiteten solange es hell war, kehrten oft spät am Abend nach Hause zurück und „dachten und sprachen nur über ihre Arbeit" in Nitzkydorf (warum redeten sie mit der gelehrten und hochbegabten Herta Müller nicht über ihre schmutzigen Gedanken?) Auch „die Kühe dachten nur ans Fressen." Ja woran sollten die denn denken? An Schnaps brennen, Polka tanzen? (Zitat aus Facebook.)

Hier ein Zitat aus einer Studienarbeit von N.M.Schulz über Herta Müllers Niederungen: „Die einzelnen Erzählungen weisen keine Handlung im herkömmlichen Sinne auf. Erzählt wird meist aus der Perspektive einer Außenseiterin... Die... Einblicke in den Alltag... konfrontieren mit oft als überkommen empfundenen Bräuchen, Ritualen und Traditionen."

In anderen wieder wird die Lebensweise der Banater Schwaben an einem wohl einzigartigen Beispiel im Banat derart übertrieben, dass eigentlich alle Deutschen Ämter, Verbände und Institutionen auf die Banater Schwaben – bei ihrem Freikauf (1982+/-10 Jahre) und ihrer Umsiedlung – als „gefährliche Übeltäter" hätten aufmerksam werden müssen: Das Jugendamt wegen Einprügeln auf Kinder, Frauenorganisationen wegen Diskriminierung und Erniedrigung der Frauen,

Tierschutzorganisationen wegen Tierquälerei (z.B. den Hund mit dem Fuß getreten, bis er verendete, dem Kalb das Bein gebrochen, damit es notgeschlachtet werden konnte), der Drogenfahndung (weil „vermummte" Großmütter Mohnkuchen backten und auserwählte Banater Krähenmist als Drogen nutzten), die Polizei wegen gewalttätiger und besoffener Männer und Korruption. Die 68er dürfte es wohl auf den Plan gerufen haben, wegen der „Aufarbeitung der Nazivergangenheit". **Die Nazis haben in Rumänien ihren Senf – siehe Enteignungen, Deportationen, Kollektivierung, Bespitzelung, usw. – abbekommen!** Alles wird noch von Inzucht, Fremdgehen und übertriebener Sauberkeit und Sparsamkeit (was man auch den Schwaben, die Pfälzer schon als Ausländer ansehen, nachsagt) abgerundet.

Dass dies eine Fiktion Herta Müllers ist, belegt folgende Tatsache. Nachdem sich alle gewaschen hatten und die Dreckröllchen im verbrauchten Wasser schwammen, „wurde es in den Abfluss geleert und es rann um die Mitte kreisend den Abfluss hinab." In jener Zeit gab es aber in den Banater Dörfern noch keine Wasserleitung oder Kanalisation, also gab es auch keinen Abfluss! Vom „deutschen Frosch" und von den Vorfahren aus dem „tiefen dunklen Schwarzwald" wird auch berichtet.

In den rumänischen Schulen der Nachkriegszeit hatte man keine ehemaligen Nazis als Lehrer und die Lerndisziplin war aber genau so exemplarisch, wie die unter Hitler, weil die kommunistische Doktrin nicht anders vermittelt werden konnte. Aus der Nachkriegsgeneration sind also keine Nazis hervorgegangen und es hat keinen Generationenkonflikt im Sinne der von dem KGB unterwanderten 68ern gegeben. Die 68er haben auch für das Recht, den „Wissenschaftlichen Sozialismus" zu studieren demonstriert und die Banater Nachkriegsgeneration, Deutsche, Rumänen, Serben, Türken, Ungarn, und andere haben friedlich nebeneinander gelebt, studiert, und egal welche Fachrichtung sie studierten, der verhasste „Wissenschaftliche Sozialismus" war Hauptfach. Es ist also ÜBELSTE VERLEUMDUNG, was diese durch Herta Müllers „Prosa" und Anschuldigungen erfahren mussten. Und die, die ihr Schundwerk kritisierten/kritisieren, sind keineswegs Nazis, sondern jene, die gegen Mitstreiter und Anhänger (Herta Müller und C.D. Florescu) der ehemaligen und zunächst letzten Diktatoren der Neuzeit eintreten. Der Spruch, dass die Kritiker Nazis wären, könnte von einem „bauernschlauen" Securitate-Offizier stammen, den Herta Müller einfach übernommen hat, um sich der Kritik ihrer Landsleute (Banater Landsmannschaft) zu erwehren.

Wer könnte schon ein Interesse daran gehabt haben, die Banater Schwaben zu verleumden? Mitten in der „Freikaufaktion" 1982? Dem Jahr in welchem der ANDERE (C.D. Florescu) mehrfach mit eigenem PKW samt Anhänger und Dachgepäckträger ERNEUT flüchten konnte? Wurden manche Preise nach dem rumänischen kommunistischen „Beziehungs-Prinzip" vergeben?

Die Um- und Aussiedlung hat sehr gut geklappt, die Rumänien-deutschen wurden gut aufgenommen (manchmal auch nicht) und integriert, da es ja kaum Sprachbarrieren gab. Und fleißig waren ja auch alle und sogar an schwere Arbeit, die von den 68ern verpönt wird, gewöhnt. Dem musste ein Riegel vorgeschoben werden. Wer konnte schon ein Interesse haben, diesen Vorgang zu stören? Mitten drin erscheint nun die „Prosa" von Herta Müller, die jeden, der diese „dreckige Prosa" kritisiert, als Nazi beschimpft. Wer war wohl der Drahtzieher eines solchen Werkes und wer hat sich so sehr gefreut, dass er ihm sogar einen Preis (1983) vergeben hat? Jawohl! „Die Securitate ist immer noch im Dienst!" Auch 30 Jahre später. Und die Deutsche Öffentlichkeit, an der Spitze mit den freien (oder vielleicht auch „gekauften" und/oder „linientreuen") Medien, kapiert Null Komma Nichts geteilt durch vierzehn!

Der Hass in ihrem Schmutzwerk. Herta Müller hasst alles: die Mutter, die Tante, den Vater, die Großmutter, die Nachbarn und alle Banater Schwaben, nur den Großvater mit seinem Hammer und den Nägeln in der Tasche nicht. Der meint ja auch: **„Hier gibt es welche, und zwar viele, die vernagelt sind!"**

Und für dieses Prosawerk bekam Herta Müller 1983 einen Preis vom Zentralkomitee der Kommunistischen Jugend Rumäniens (wo der Sohn von Ceauşescu 1. Sekretär war). Dem nicht genug, 1984 (als ihr damaliger Mann Richard Wagner auch einen Preis von derselben Organisation bekam) wurde das Werk auch in Deutschland gedruckt, und sie bekam mehrere Preise dafür, aber hier fehlten ganze vier Kapitel. Herta Müller behauptete jedoch, dass ihr Werk in Rumänien gekürzt/zensiert und dass sie verfolgt wurde. Sie durfte etwa 3-4 Mal nach Deutschland (was keine anderen Rumäniendeutschen außer

Richard Wagner und andere Privilegierten durften, weil sie hier geblieben wären), um ihr Hasswerk vorzustellen. Eine Bürgerrechtlerin und Verfolgte hätte damals in Rumänien (oder in der ehemaligen DDR) NIE einen Preis für ein Prosawerk bekommen, das Werk wäre überhaupt nicht gedruckt worden. Wer war verfolgt? Wo wurde zensiert? FAZ und NZZ bejubelten schon damals diese „Niederungen". (Im Auftrag der RKP und Securitate? Die Desinformationspolitik in den Medien hat schon damals begonnen, wie in den menschenunwürdigen Regimes der Länder Osteuropas.) Was mussten sich die Ausreisewilligen für Vorwürfe und Erniedrigungen von der RKP (Rumänischen Kommunistischen Partei) und deren Handlanger – der Securitate – alles anhören: Überläufer, Verräter, Verbrecher, u.a. (wie in Florescus Roman über Triebswetter).

Von verlogenen und volksverdummenden Berichterstattungen, will ich eine herausgreifen. Es stand in der BamS (Bild am Sonntag, FAZ, NZZ, TAZ, BNN, usw. sind in dieser Hinsicht auch nicht besser) aber es war von Peter Hahne verfasst. Zitat: „Beim Streit um die Ehrenbürgerwürde für Herta Müller ist Berlin wieder dabei sich lächerlich zu machen... Bis heute schreibt sie gegen die Schreckensherrschaften kommunistischer Diktaturen an, die sie selbst erlebt hat. Im Kampf um die Rechte der Siebenbürger wurde sie vom rumänischen Ceauşescu-Regime gedemütigt und eingesperrt."
Wie bitte?

Herta Müller war nie eine Bürgerrechtlerin, nie eine Dissidentin, sie war keine Siebenbürgerin, sondern eine Banaterin, schrieb eher FÜR die kommunistischen Machthaber (oder in deren Auftrag, Ausnahme „Atemschaukel", das war aber 2009, da war sie auch schon längst in Deutschland – seit 1987 – obwohl sie gar nicht ausreisen wollte, sie hat sogar ihren ersten Mann verlassen, bevor er die Ausreisepapiere erhielt) und vor allem war sie NIE eingesperrt und wurde auch nie von der Securitate verhaftet, wie in dem Bericht in der Zeit-Online (2009): „Die Securitate ist immer noch im Dienst". Diesen Bericht sehe ich eher noch als Drohung all jener gegenüber an, die ihre Werke kritisieren. Denn wenn Banater Schwaben das Wort „Securitate" hören/lesen/sehen, dann verstummen und verkriechen sie sich sofort: Und das mehr als 20 Jahre nach dem Fall Ceauşescus. (Was doch eine „richtige Erziehung" alles bewirken kann!) Und gedemütigt wurden eher die Banater Schwaben durch ihr

Werk „Niederungen", die sich gegen diese Infamie nicht wehren dürfen.

Was steht auf einem Gedenkstein[#] der Donauschwaben (Donauschwabenufer Ulm).

„...Und so verstreuten sich die Donauschwaben über die ganze Welt und wurden überall geachtete Bürger..." ... nur bei Herta Müller (in „Niederungen") und Cătălin Dorian Florescu (in „Jacob beschließt zu lieben") NICHT! (... Und das ist keine Fiktion, aber mit der Künstlerfreiheit kann man diese Menschen verleumden und diskriminieren, bei Florescu sogar zusammen mit ihren Vorfahren „mit Blut an den Händen" und als „Selbstmörder, Geiselnehmer, Vergewaltiger" kriminalisieren.)

Ich finde diesen Roman, oder diese Prosa daher TOLL, und zwar als ein die BANATER SCHWABEN DISKRIMINIERENDEN Schundroman! Das ist Verhöhnung und Verspottung der Opfer der menschenunwürdigen Regimes durch Privilegierte. Und so einem Schundwerk muss man Preise vergeben? Gratulation!

Das Menschenbild und die Identität, die Lebensweise, die Sitten und Bräuche der Banater Schwaben verzerrt und falsch darzustellen, sehe ich nicht als Fiktion und Künstlerfreiheit, sondern als Volksverhetzung an! Und das sollten Professoren-Doktoren sowie Literaturkritiker und –Forscher auch so tun!

Weitere verlogene Berichterstattungen und meine Kommentare dazu siehe auch:
http://www.triebswetter.de/roman-hm.htm
http://www.triebswetter.de/roman-hav.htm
http://www.triebswetter.de/roman-bams.htm

Wenn Herta Müller oder Cătălin Dorian Florescu Literaturpreise bekommen, weil sie „wohl Dissidenten" oder Literaten, die ihre Stimme gegen Diktaturen erheben, sind, dann halte ich das für einen üblen Betrug an allen deutschen Schriftstellern, die dadurch eventuell benachteiligt wurden.

Die drei Bücher von Carl Gibson gegen die Lügengeschichten von Herta Müller finden Sie auch hier:

=> 26 <=

„Ohne Haftbefehl gehe ich nicht mit".
Über Herta Müller: Mit Hass, Hetze, Täuschung und politischer Protektion, sowie Medienunterstützung bis zum Nobelpreis.
http://carl-gibson.blogspot.de/2014/03/neu-carl-gibsons-pamphlet-ohne.html
Mein Kommentar:
»Es sind mehr als 20 Jahre ins Land gegangen, seit die letzten Bastionen der menschenunwürdigen kommunistischen Regimes gefallen sind, eine Zeit in welcher sich neue menschenunwürdige Praktiken dieser Regimes erneut stabilisieren, und das mit dem Segen der „unfehlbaren, freien" Medien. Die Pressefreiheit wird mittlerweile genauso gehandhabt wie in den vorab erwähnten Regimes. Die Altkommunisten sind (in der Literatur) wieder im Kommen, auf dem Vormarsch und wollen ihre Untaten verniedlichen. Das bemerkt man auch bei anderen („großen, literarischen") Publikationen.

Welcher Dissident aus dem ehemaligen kommunistischen Rumänien (unter Ceauşescu) oder der ehemaligen DDR (unter Honecker, usw.) hätte dem berüchtigten Geheimdienst (der Securitate oder der Stasi) gegenüber bei einer Verhaftung sagen können: „Ohne Haftbefehl gehe ich nicht mit"? Wer konnte auf einem Bahnhof (Poiana Braşov, Rumänien), den es in Wirklichkeit gar nicht gibt, von der Securitate verhaftet werden? So etwas gelingt nur Herta Müller in einem Bericht in der Zeit-Online: ,Die Securitate ist immer noch im Dienst'. Und das geht nur, weil keiner hier weiß, was richtig ist oder richtig sein könnte. Diese und weitere Ungereimtheiten werden in Carl Gibsons Buch beschrieben.

Als ich das Buch, das von Karikaturen von Michael Blümel gespickt ist, gelesen habe, habe ich mir Sätze, die mir besonders gut gefielen und die voll und ganz der Wirklichkeit (die Vergangenheit, die kaum noch von jemandem erkannt und wahrgenommen wird) entsprachen, unterstrichen und markiert. Und jetzt ist mein ganzes Buch unterstrichen und markiert. Das Buch stellt auch eine Kritik an die nach und nach schwindende Presse- und Meinungsfreiheit, die heute bei uns schon so gehandhabt wird, wie in den oben genannten menschenunwürdigen Regimes dar. Dieses Buch ist meiner Meinung nach empfehlenswert in einem freien, demokratischen Land, in welchem sich nicht Lug, Betrug und Heuchelei ausbreiten dürfen.«

„Die Zeit der Chamäleons"
Kritisches zum Leben und Werk Herta Müllers aus ethischer Sicht.
http://carl-gibson.blogspot.de/2014/02/carl-gibson-die-zeit-der-chamaleons.html

„Plagiat als Methode"- Herta Müllers "konkreative" Carl Gibson-Rezeption.
Wo beginnt das literarische Plagiat? Zur Instrumentalisierung des Dissidenten-Testimoniums „Symphonie der Freiheit" – Selbst-Apologie mit kritischen Argumenten, Daten und Fakten zur Kommunismus-Aufarbeitung sowie mit kommentierten Securitate-Dokumenten zum politischen Widerstand in Rumänien während der Ceausescu-Diktatur.
http://carl-gibson.blogspot.de/2013/10/plagiatsvorwurfe-gegen-die.html

Was man bei C.D. Florescu noch extra anführen kann (was so mancher deutsche Kommentator nicht weiß), weil er und Herta Müller dasselbe Thema beackern (so Florescu in der Allgemeinen deutschsprachigen Zeitung Rumäniens: ADZ).

Rumänien (300-1200): Die Römer ziehen sich vom Gebiet Dakiens südlich der Donau zurück. Es folgte eine Zeit von etwa 900 Jahren, in welchen Wandervölker das Gebiet nördlich der Donau heimsuchten... (Aus dieser Zeit fand man keine Unterlagen, oder will man keine gefunden haben...) Dort liegt auch Oltenien, das Ursprungsland von Florescus Vorfahren. Fand er dort ein Reservoir seiner Fiktionen, die er dann den Triebswetterern im Roman als Fiktionen untergejubelt hat?
Dort lebten auch Zigeuner, die von den Rumänen (1852) verfolgt und als Sklaven verkauft wurden (siehe Wikipedia: Zigeuner). Im Roman „Jacob beschließt zu lieben" wird das den Vorfahren der Triebswetterer aus Lothringen untergejubelt.

Diskriminierung und Erniedrigung der Frauen (bei Florescu gibt es nur „dicke, fette Hausfrauen, die fettige Gemüsesuppen - ? - kochen, sich voll laufen lassen und streiten"), Huren und Edelnutten, sowie keine einzige intakte Familie, alle gehen fremd und beschäftigen sich mit dem, was sie am besten können: „Sich voll laufen lassen" (letzter Satz in „Zaira", Roman, der in Schulen vorgelesen wird. Das ist auch Verharmlosung der 68er Erzieher oder antiautoritäre Erziehung!)

Die Inzucht hat Florescu vergessen, dafür gibt es bei ihm keine „übertriebene" Sauberkeit mehr, denn bei ihm haben sich die Protagonisten überhaupt nicht mehr gewaschen: „Sie fanden den eben so übel riechenden anderen, mit dreckverkrusteten Füßen, nach Kot und Urin stinkend unter der – in banatdeutschen Haushalten nicht vorhandenen – Strohdecken".

Er setzte aber noch einiges drauf, gerade was die Vorfahren aus Lothringen betrifft: Frontenwechsler, Mörder, Hausabfackeler, Geiselnehmer, Vergewaltiger, Zigeunerjäger, Zigeunerhenker, usw. Und diese Verbrecher sollen den Banater Ort Triebswetter gegründet haben?!... Da müsste jedem ein „Licht aufgehen", falls er überhaupt einen „Schalter" hat!

Wer könnte schon ein Interesse daran gehabt haben, die Banater Schwaben zu verleumden? Mitten in der „Freikaufaktion" 1982? Dem Jahr in welchem Florescu mehrfach mit eigenem PKW samt Dachgepäckträger und Anhänger flüchten konnte, der dann für die Beschreibung dieser Flucht, für das Referieren (in der Werbung zum Erstlingsroman) der Heldentaten Ceauşescus und dem Mitmarschieren am Nationalfeiertag der Nationalkommunisten in der ersten Reihe, dem Lobgesang auf Kommunisten und deren Einrichtungen, 2001 ebenfalls Preise bekommen? Wurden manche Preise nach dem rumänischen kommunistischen „Beziehungs-Prinzip" vergeben? Was in der Werbung stand, steht aber gar nicht im Erstlingsroman drin. Und seither werden die Leser bei allen Kommentaren, Berichten und Klappentexten belogen. Die Desinformationspolitik in den Medien (FAZ, NZZ, alle waren sie dabei) hat aber schon 1982 mit Herta Müllers „Niederungen" begonnen, wie in den menschenunwürdigen Regimes der Länder Osteuropas.) Was mussten sich die Ausreisewilligen in Rumänien für Vorwürfe und Erniedrigungen von der RKP (Rumänischen Kommunistischen Partei) und deren Handlanger – der Securitate – alles anhören: Überläufer, Verräter, Verbrecher usw., genau so wie in Florescus Roman die Triebswetterer und ihre Vorfahren beschrieben werden.

Das herausragende Beispiel von verlogener und volksverdummender Presseberichterstattung war letzten Sommer im Schwarzwälder Bote zu lesen: „Texte voll Sinnlichkeit" und das Lesen[5] bereite ein „Erkenntnisse förderndes Vergnügen." Ja, das stimmt schon und zwar für Rassisten, die sich über die Verleumdung und Erniedrigung anderer lustig machen und freuen können! Wie „sinnlich" und „Erkenntnisse fördernd" schreibt hier ein „privilegierter" Rumäne mit altkommunistischen Wurzeln über Banater Schwaben: „Animalische Kopulation, Gestank nach Kot, Urin und dreckverkrusteten Füßen, fanden sie schnell den genau so übel riechenden anderen unter der Strohdecke, Geburten auf dem Mist, ständig besoffene Burghüter und Feldwächter." Ganz übel wird den Obertins mit ihren lothringischen Vorfahren mitgespielt: „Frontenwechsler, Verräter, Zigeunerjäger, Zigeunerhenker, Mörder, Brandstifter, Vergewaltiger, Geiselnehmer, usw." Zweimal werden den Triebswetterer Banater Schwaben und den Obertins Verbrecher untergejubelt (und keiner merkt wohl etwas): Einmal nimmt der Mörder und Geiselnehmer nach dem 30jährigen Krieg den Namen Obertin an und ein zweites Mal der Jakob „ohne Name" – der Zigeuner, der über die Karpaten aus dem Osten kam – Elsa heiratete und den Namen Obertin annahm, den Sohn an die Russen verriet und Katica ermorden ließ. Im Banat wurde nach einer Trauung, Vermählung (damals aus dem Familiensippenbuch der Triebswetterer Kopulation) grundsätzlich immer der Name des Mannes angenommen. Und die Banater Schwaben hatten nie so gute Beziehungen zu den Zigeunern, dass je eine banatschwäbische Frau einen Zigeuner geheiratet und dass es auch Zigeuner als Halbbrüder gegeben hätte. Und das ALLES wird in den Medien, in Lehrerfortbildungsanstalten und in Schulen vorgelesen (weil es wohl so anspruchsvoll ist) und verbreitet: „DAS waren die Banater Schwaben, die Überläufer, Verräter und Verbrecher, die dem Kommunismus den Rücken gekehrt haben!" (Ausgenommen die Privilegierten!)

Der Roman: „Jacob beschließt zu lieben" von Catalin Dorian Florescu:
Das ist kein Geschichtsroman der Banater Schwaben, das ist kein Familienepos der Triebswetterer Familie Obertin, das ist eine Kriminalisierung unserer Ahnen und Vorfahren aus Lothringen, das ist eine Identitätsverfälschung der Banater Schwaben, das ist eine

---

[5] Die „Sinnlichkeit" und die „Erkenntnisse" stammen aus Klappentexten und Kommentaren von Florescus Erstlingsromanen

Schmähschrift gegen die Triebswetterer im Besonderen und Banater Schwaben im Allgemeinen!

Der reale Name Triebswetter und alle real existierenden Triebswetterer Familiennamen, die zusammen mit ihren Kurzgeschichten, die negativ aufpoliert aus dem Familiensippenbuch übernommen wurden, dürfen kein Thema für einen Roman, der zwischen Wirklichkeit und Fiktion keinen Unterschied macht, sein. (Sinngemäßes Zitat eines Literaturprofessors aus Wien.)

Jakob (mit k, die deutsche Schreibweise) ist der Böse und Üble und Jacob (mit c, die rumänische Schreibweise) ist der Liebe und Gute, sagt in meinen Augen alles aus. Der Autor spielt mit Identitäten, die er mit „einem" Buchstaben verändern kann (siehe Thüringer Allgemeine). **Das ist trotz literarisch vollkommen gestalteter schriftstellerischer Meisterleistung NATIONALISMUS und RASSISMUS! (Und jeder „Professor-Doktor" der Literatur müsste das merken!!!)**

Ihre Väter haben unsere Eltern um ihr Vermögen und ihrer Freiheit beraubt und die Söhne berauben uns jetzt unserer Identität. Und die Privilegierten merken nichts? Oder wollen sie nichts merken?

Das ist eine Beleidigung, Erniedrigung und Diskriminierung sowie Verhöhnung und Verspottung der OPFER der rumänischen kommunistischen DIKTATUR!

Dies gilt auch für alle, die diesen Roman in grenzenlosen Kommentaren loben und für alle die, die angeblich viel für das Gelingen des Romans beigetragen haben, bei welchen sich der Autor bedankt: »Der Autor dankt dem Land Schleswig-Holstein und den Städten Erfurt und Baden-Baden sowie dem Literarischen Colloquium Berlin und der Bosch-Stiftung für die Unterstützung dieses Romans«.
Irgendwie lauter „befreundete" Privilegierte?...

Genauso sehe ich die Rolle des Goethe-Institutes und des DAAD (Deutscher Akademischer Austauschdienst) bei der Verbreitung (und Übersetzung) des Romans im Ausland.

Soll das gute Literatur sein? Ich vergleiche das mit einem Paket Gestank in einer wertvollen, glänzenden Geschenkverpackung. (Den Inhalt sollte man auch untersuchen und bewerten!)

Warum wurde Carl Gibson nicht eingeladen?
Geht es um das Motto:
„Wer schon eine Wahrheit hat, will nicht, dass andere Wahrheiten die Kreise stören."
Oder von Jean Paul:
„Wer die Wahrheit geigt, dem schlägt man gern die Fidel auf den Kopf."
Oder:
„Wenn der Erste (scheinbar glaubwürdig) lügt, dann wird jeder, der die Wahrheit sagt, als Lügner bezeichnet."

Die Landsmannschaften der Banater Schwaben und Siebenbürger Sachsen brauchen Sie nicht zu behelligen, denn DIE scheinen wirklich nicht zu wissen, worum es wirklich geht: Mal werden sie von Herta Müller – vor allem die Banater Schwaben – als Nazis und mal als Securisten beschimpft. Beim Erscheinen der „Niederungen" waren sie die Nazis und später die Mitarbeiter der Securitate, die Herta Müller auch in Deutschland (angeblich) verfolgten, und heute kann man dort keinen kritischen Bericht über Herta Müller und C.D. Florescu absetzen oder veröffentlichen. Sonderbar! Sorgt doch ein Dr. Walter Engel, ein ehemaliger Kulturredakteur aus Hermannstadt, der die Zensur für die Machthaber dort besorgte, auch jetzt noch für „den guten Ton" und was literarisch den Banatern aufgetischt werden darf. (#)

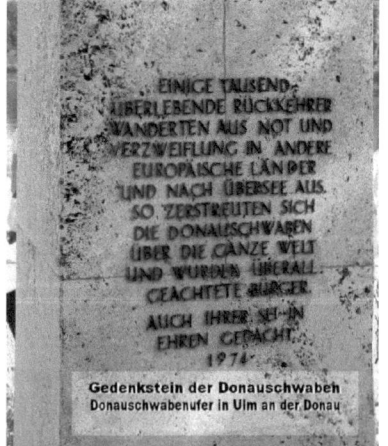

Gedenkstein der Donauschwaben
Donauschwabenufer in Ulm an der Donau

Vielen Dank für die Aufmerksamkeit.
Mit freundlichen Grüßen.
Franz Balzer

„Herta Müller - Gegenwartsliteratur denken" von Elisabeth Anton

Kloster Bronnbach, Konferenz : 11. – 13. Februar 2015

Keine Ehrfurcht mehr vor unseren Werten, vor Wahrheit und Gerechtigkeit?

*Interessant, wer mit und über Herta Müller **nicht diskutieren darf!!!***

Warum beschimpft Herta Müller Banat, Landsleute, Dialekt, Brauchtum? Warum schreibt sie nicht einfach die Wahrheit über Banat und seine Menschen, Ihre gelebten Privilegien zur damaligen Diktaturzeit, bis zu ihrer Ausreise?

> ***Werden in der Gegenwartsliteratur die literarischen Auseinandersetzungen über Sprache, Poetik, Ethik, Sprachkunst am Inhalt des Buches vorbeidiskutiert?***

> ***Verstehe ich da richtig, dass literarischer Diskurs stattfindet, wobei die Inhaltstatsachen unwichtig, egal ob falsch beschrieben, gelogen, realitätsfremd?***

Sehr geehrte Literaturforscher|nnen,

es ist mir unbegreiflich, was sich auf Deutschlands Literaturbühne so alles verunstalten, verfälschen lässt, durch die Lügenspirale in Herta Müllers Bücher, die von Personen, ob aus Medien, ob aus Politik, über Jahre, bis zu höchsten Ehrungen hin, weitergedreht wurde, ohne auch nicht mal ansatzweise, zu recherchieren, obwohl man weder Kenntnis noch Ahnung hat, so scheint es, über die Wahrheit der damaligen Diktaturzeit im Banat, Rumänien, über die tatsächlichen Bürgerrechtler, die wahrhaftig, als Bürgerrechtler, ihr Leben aufs Spiel gesetzt haben, die gefoltert, geschlagen wurden, monatelang in Haft saßen, weil sie gegen die damalige Diktatur, über diejenigen, die nicht veröffentlichen durften, nicht die Privilegien der damaligen Diktatur gelebt, wie Herta Müller das getan hat. Sie ist zwischen Rumänien und Deutschland, Frankreich gependelt und immer wieder, über Jahre, in das Land „ihrer Folterer", wo sie angeb-

=> 33 <=

lich Scherereien, Verhöre, Drohungen, Hausdurchsuchungen erlebt hat, zurückgekehrt.

Waren diese Privilegien vielleicht die Antwort auf ihren Satz in der Fabrik, sich gegen Mitarbeit mit der Securitate zu weigern: „Ich habe nicht diesen Charakter!" Wer glaubt denn tatsächlich, dass man mit solch einem Satz, eine Mitarbeit mit dem Geheimdienst einer Diktatur abwimmeln kann?

Jeder nutzte die Gelegenheit, das Land so schnell wie möglich zu verlassen, manche ließen ihr Leben an den Grenzen Rumäniens, weil sie Freiheit gewollt, dieser Diktatur entkommen wollten. Herta Müller kehrte, über Jahre des Pendelns durch den Westen, immer wieder in diese Diktatur zurück. Wer den Sadismus der Diktatur Ceauşescus, mit all den Grausamkeiten, wirklich erlebt, überlebt hat, der glaubt diesen Lügenmärchen nicht.

Genau wie die Geschichte mit dem Eier essen müssen: „Ich glaube, ich musste acht Eier essen", dort waren „...drei oder vier Typen", und sie musste „dreißig oder vierzig Mal den Ausweis aufheben", so Herta Müller. Wie soll ich das jetzt einordnen? Sie glaubt acht Eier gegessen zu haben, weiß nicht, ob das drei oder vier Typen waren, aber, dass sie dreißig bis vierzig Mal den Ausweis aufheben musste. Drei, vier, acht Mal, das war schwer zu zählen und dreißig bis vierzig Male waren machbar? Sie wurde „abgeschleppt", damals, in dieses Studentenheim, „von der Straße abgefischt", bei einer anderen Begegnung sagt sie: „Ohne Haftbefehl gehe ich nicht mit!" Was soll ich jetzt wählen?

Wer diese Zeit der damaligen Diktatur in Rumänien nicht kennt, dem kann ich versichern, dass man keinen Haftbefehl gebraucht, um jemanden mitzunehmen. Die haben dich auch an den Haaren in ihr Auto gezerrt, ohne dass man die Erde noch berühren konnte. Das ist die Wahrheit der damaligen Diktaturzeit.

Was sagte Herta Müller in der ARD Bühne vom 10.10.2014: „... je mehr Zeit vergeht, um so mehr kommen mir diese Dinge ziemlich drastisch vor, die damals passiert sind."
Wer diese Gräueltaten der damaligen Diktatur wirklich am eigenen Leib durchleben, überleben musste, dem schwinden weder Drastik noch Tragik, sie kommen auch nicht erst nach vielen Jahren. Diese

wirklich, tatsächlich erlebten Schikanen, Drohungen, Demütigungen der damaligen Zeit, die bleiben, für immer, mit gleicher Intensität, für diejenigen, die sie wahrhaftig erlebt.

Herta Müller wurde vielleicht beobachtet, weil sie sich in den 80er Jahren mit dem Kulturattaché der Bonner Botschaft, in Bukarest, getroffen. In solchen Fällen wurde jeder beobachtet. Herta Müller war nie in Untersuchungshaft, nie in einer Gefängniszelle der Securitate und hat auch nicht fast zwei Jahrzehnte auf ihre Ausreise gewartet. Was steht in R. Wagners Biographie zu lesen: „... Nachdem der Mitbegründer des Adam Müller-Guttenbrunn Literaturkreises (...) im Herbst 1984 von einer Auslandsreise in die BRD nicht nach Rumänien zurückkehrte, entschlossen sich auch Richard Wagner und seine damalige Ehefrau Herta Müller Anträge zur endgültigen Ausreise zu stellen. Beide konnten 1987 in die Bundesrepublik Deutschland übersiedeln." Hier auch noch angemerkt, dass Herta Müller diesem Literaturkreis nahe stand, ihr Name wurde nicht bei „den Dazugehörenden" erwähnt.

Herta Müller wollte erst dann in die Bundesrepublik ausreisen, als in Rumänien die Lebensmittelnot dramatisch geworden. Bis dahin pendelte sie mit Westvisum durch den Westen, was nur den Privilegierten von Partei und Securitate möglich war – was Herta Müller, all die Jahre, nie erwähnt, diese ihre Privilegien.

Sie hat in Rumänien schon 1982 veröffentlichen dürfen, was nicht allen erlaubt. Sie hat 1984 in Deutschland veröffentlichen dürfen, obwohl mit festem Wohnsitz in Rumänien. Da kann man nicht zu den Staatsfeinden gehören und auch das Wort „Exil" niemals erwähnen. Wenn diese ihre Geschichten wahr wären, warum kehrte Herta Müller, jedes Mal, nicht nur einmal, zwischen 1984 und 1987, bis zu ihrer Ausreise, immer wieder in dieses Land zurück, wo sie angeblich verfolgt, schikaniert, gedemütigt wurde. Soll ich unter „Schikanen" verstehen, dass Herta Müller den Pass bekommen, um als Westtouristen durch den Westen zu reisen? Soll ich unter „Demütigung" verstehen, dass sie veröffentlichen durfte?

Der Moderator, ARD Mediathek, 20.02.2014, hatte nicht mal so Unrecht, als er meinte, „Herta Müller sei dem Klammergriff des Diktators entkommen" – sie durfte den Westen bereisen.

Selbst in ihrem letzten Buch „Mein Vaterland war ein Apfelkern" erzählt Herta Müller Lügen, die niemals solch eine Realität im Kindergartenumfeld der damaligen Zeit. Ich finde es mehr als eine Lüge, dass eine Direktorin Herta Müller ein ganzes Regal voller Stöcke, in allen Längen und Breiten präsentierte. Nein, das glaube ich nie! Und wenn das so gewesen, warum hat Herta Müller, hier in Deutschland, über dieses Problem, fast dreißig Jahre, geschwiegen? In der ARD Bühne, 10.10.2014, Herta Müller: „... Die Kinder haben mich verachtet, weil ich sie nicht geschlagen habe, sie hielten mich für inkompetent, ... die Stöcke habe ich an der Tischkante zerbrochen, dafür haben mich die Kinder verachtet, weil ich sie nicht prügeln konnte." Wenige Sätze weiter: „...Wenn ich zu jemandem in die Nähe bin, hat das Kind den Kopf eingezogen, gesagt „Nicht schlagen!" und die anderen haben gebrüllt „Hau drauf, schlag drauf!" Dazu kann sich jeder seine Meinung eigens bilden...

Ich bin entsetzt, in welcher Art und Weise Herta Müller diese ihre eigenen Erfahrungen aus dem Elternhaus auf das Banat, das Leben der deutschen Minderheiten überstülpt, dabei ein ganz falsches Bild, fernab jeglicher Wahrheit, entstehen lässt. Wie z. B. auch die Geschichte mit dem Akkordeon, welches sie als „heiligen Gegenstand" ganz zynisch beschreibt. Das Akkordeon hat überhaupt nichts mit der Nazizeit zu tun. Das war ein Erinnerungsstück, kenne ich aus meiner Familie, an den unschuldig Gefallenen in diesem verheerenden Krieg, den auch von uns Banater Schwaben keiner gewollt. Daher wurde es so in Ehren gehalten, weil es eine greifbare, letzte Erinnerung an einen geliebten Menschen, der an der Front im Kugelhagel gestorben. Viele erst 18, 19, in der Blüte ihrer Jugend. Über dieses Akkordeon streut die Autorin nur Hass und Verachtung, dann muss diese Erinnerung eben im Brunnen landen. Freiwillig ging keiner, weder in den Krieg, noch nach Russland und auch nicht in die Bărăgăn-Ebene. Das müsste, eigentlich, jeder normale Menschenverstand wissen.

Auch die Beschreibung, dass es ein isoliertes Dorf, zeigt, dass Herta Müller noch kein isoliertes Dorf in Rumänien gesehen, wo man ab zehn Kilometer laufen musste, um an eine Bahnstation zu kommen. Auch meine Landsleute, obwohl es eine Kleinstadt, mussten um drei Uhr morgens aufstehen, um die Bahn um fünf zu erreichen, mit der sie eine Stunde unterwegs, um ihren Arbeitsplatz in der Stadt zu erreichen. So war das damals.

ARD Bühne, 10.10.2014, Herta Müller: „Prügeln war nicht die Ausnahme. Ich **glaube**, fast alle Kinder im Dorf haben Prügel bekommen. Das war normal." Dazu sage ich: „Glauben heißt nichts wissen!" – ein uraltes Sprichwort. Wenn ich eine Tatsache nicht persönlich kenne, dann streue ich keine Lügen.

Wenn ich dann höre, Video, H. M. Lido, ARD Mediathek vom 20.02. 2014, dass ein Banater, Leiter des Berliner Literaturhauses, Ernest Wichner sagt: „Die Mentalität in diesen Dörfern war, dass Kinder zugerichtet werden müssen, die müssen parieren, müssen still sein, müssen arbeiten, müssen Verantwortung tragen und haben kein Recht auf Kindheit und auf Spiel, Verrücktheit, Ausgelassenheit. Das hat sie, wenn sie von ihren Großeltern erzählt, ist das etwas anders, die scheinen sie mehr als Kind auch wahrgenommen und beschützt zu haben, während die Eltern die bösen Zurichter waren."

Ich musste mir das, tatsächlich, ein zweites Mal anhören, weil ich dachte, ich habe mich verhört. Wie ist denn so etwas möglich? Warum stellt man das Leben dieser Banater Dörfer unter solch ein falsches Licht? Hat E. Wichner das persönlich auch so erlebt, weil er so über „Die Mentalität in diesen Banater Dörfern war, dass Kinder zugerichtet werden müssen..." kommentiert? Ich kenne das nicht. Ich war im Krankenhaus tätig, beim Rettungsdienst, der die umliegenden Dörfer auch bediente, ich hatte viele Klassenkolleginnen aus den umliegenden Nachbarsorten, meine Schüler am Gymnasium kamen auch aus den umliegenden Ortschaften, aber so etwas habe ich weder gehört noch gesehen.

Vielleicht etwas Klartext für all diejenigen, die Wahrheit lieben, die etwas von der Geschichte, dem Leben der Banater deutschen Minderheit wissen wollen: Mag sein, dass es einzelne Ausnahmen von Prügel gegeben hat, wie schon zu allen Zeiten, auch heute (leider), aber, dass das die Regel, so wie selbst E. Wichner das sagt: „Die Mentalität in diesen Dörfern war, dass Kinder zugerichtet werden müssen..." Hallo, wacht die Welt mal auf! Hat dieses Interview niemand mitbekommen, diese Art von Aussagen über die Banater Dörfer niemand gehört???

Ich finde es schade, dass man sich nicht freut, dass die Grenzen endlich gefallen, dass diese Banater Schwaben all ihr Leid, im Laufe ihrer Geschichte, erhobenen Hauptes, getragen und überlebt, dass sie aus dem Banat die Kornkammer Europas gemacht. Dass sie wohl lesen und schreiben können und nicht wie Nils Marvin Schulz in seiner Studienarbeit: „Untersuchung von Herta Müllers „Niederungen" S. 4 schreibt: „…Durch die Zugehörigkeit Rumäniens zum sowjetischen Einflussbereich ergab sich für die rumäniendeutsche Minderheit eine Spracharmut, die sich ebenfalls auf die Literatur niedergeschlagen hat. Vor allem die Auffrischung an der lebendigen deutschen Sprache wurde dadurch unmöglich." Diese Äußerung hat Nils Marvin Schulz selbst zitiert aus Thomas Krause „Die Fremde rast durchs Gehirn".

Die Banater Schwaben haben ihre Muttersprache, bei der Aussiedlung, mitgebracht. Sie haben nicht erst hier die deutsche Sprache erlernt. Und meine Landsleute, die leiden, genau wie ich auch, an keiner Spracharmut. Das sind ehrliche, rechtschaffene Menschen, denen die Werte unseres Daseins noch viel bedeuten.

E.Wichner, ARD Mediathek, 20.02.2014, sagt über Herta Müller: „Sie hat geschimpft auf das was sie im Alltag erlebt, also auf alles gleichzeitig, auf das Elend das hier herrschte, die Repression, die Art wie mit Menschen überhaupt im Alltag umgegangen wird, sie war ein Mensch in der Revolte…" Ja, soll ich mir diese Revolte am Schalter des Passamtes vorstellen, wo Herta Müller, mehrere Male, ihren Pass für Westreisen abholen durfte oder soll ich an R. Wagners Worte (seine Biographie) denken: „… sie hatte Angst vor dem Schreibprozess" und E. Wichner sagt: „Sie schreibt nie gerne Bücher. Sie schreibt Bücher, wenn sie sich anders nicht mehr zu helfen weiß."

Nein, Revolte, das ist ganz was anders.
Für all diejenigen, die tatsächlich denken, dass die Banater Schwaben an „Spracharmut" leiden, kann ich versichern, diese Banater Schwaben, meine Landsleute, können ihre Muttersprache sprechen, lernten in der Schule lesen, schreiben und rechnen. Vor allem, im Gegensatz zu Herta Müller, die mit Dialekt nichts zu tun haben will, sprechen meine Landsleute, genau wie ich auch, heute noch, nach vielen Jahrzehnten aus der Heimat vertrieben, wegen Diktatur, keinerlei Freiheit, voller Begeisterung ihre Mundart. Jede Fremdsprache ist leicht zu erlernen. Mundart, die muss man sprechen können, die bekommt man in die Wiege gelegt.

Man merkt, dass manch einer die Werke von F. Balzer, C. Gibson, J. Lippet, F. Marschang, H.-W. Mühlroth u. v. anderen Banater Buchautoren nicht gelesen. Da kann man Sprachmacht, elitär gewählter Wortwahl, Wortschatz voller Tiefe und Schönheit begegnen, Werke, in welchen diese Autoren Geschichte und Geschichten aus dem Banat in höchster Präzision beschreiben, um dem Leser die wahre Geschichte des Banats, seiner Menschen, zu präsentieren.

Mal wieder ein Beispiel, dass dieser damalige Student, obwohl er in seiner Studienarbeit darüber geschrieben, keinerlei Ahnung, weder vom Leben noch von der Literatur, Sprache der deutschen Minderheit im Banat. Für die Ahnungslosen: Wir haben tatsächlich Radio gehört, es gab ausländische Fernsehprogramme (Serbien, Ungarn) und deutsche Zeitschriften aus der BRD kamen immer wieder unter die Leute und wurden fleißig ausgetauscht. Ich frage mich schon, warum man diese Banater Schwaben in solch ein falsches Licht stellen will, wie man über etwas schreiben kann, was man nicht kennt, nicht erlebt, keinerlei Ahnung hat.

Mich wundert es, wie Herta Müller uns ihre Kindheit präsentiert, als ob sie schon als kleines Kind, über Tage und Jahre, nur mit und bei den Kühen verbracht. Sie war doch im Kindergarten, sie hat die Grundschule besucht. Das würde heißen, dass sie nur in den Ferien Kühe hüten musste. Oder war sie weder im Kindergarten noch in der Schule? Andere, die haben ab ihrem elften Lebensjahr gearbeitet, in allen Ferien, drei Monate lang, jeden Sommer, bis zum Abitur. Da hat keiner gefragt, wie alt du bist, da hat man eben die leichtere Arbeit bekommen, die man eben, seines Alters entsprechend, bewältigen konnte. Das war ein Gefühl der Zufriedenheit, der Freude, mit Erwachsenen etwas zu leisten. Es wäre an der Zeit, dass mal recherchiert wird, für all diejenigen, die fernab der Wahrheit.

Genau wie im letzten Buch „Mein Vaterland war ein Apfelkern", da erzählt Herta Müller, dass sie im Frühjahr 1990, wenige Monate, nachdem Ceaușescu erschossen, durch „die Kellerräume im Securitate-Gebäude stiefelte, da lagen Fotos für jeden sichtbar..." Wer so eine Lüge glaubt, der hat keinerlei Ahnung. Sagte Herta Müller nicht 2009, „Zeit Online", in ihrem veröffentlichten Artikel, dass die Securitate noch im Dienst sei?!?

Ja, zur damaligen Zeit, 1990, durch die Kellerräume der Securitate „stiefeln" können, wie Herta Müller das nennt, „stiefeln", das konnten jene, die mal „dazugehörten", so auch die Äußerung von meinen Bekannten, die heute noch im Banat leben.

Ich hadere weder mit meinem Schicksal, ich mache auch keine Werbung. Ich erwähne Ihnen nur Fakten, Quellen, jene Bücher, die Ichnen allen, die bisher weder eine Ahnung noch recherchiert über die wirklichen Tatsachen aus dem Banat, zur Zeit der Diktatur, etwas weiterhelfen können, um Wahrheit zu erfahren.

Sie finden im Anhang die vier Bücher des Philosophen, Historikers, Freien Schriftstellers, anerkannten Literaturwissenschaftlers, Publizisten, Zeitkritikers Carl Gibson, der bekannteste Bürgerrechtler aus dem Banat, der gefoltert, geschlagen wurde, monatelang in den Gefängniszellen dieser Securitate saß, weil er sich gegen diese Diktatur öffentlich geäußert, diese Bücher liefern Beweise wo und was von Herta Müller gelogen, was von wem plagiiert.

Ich denke, es täte unserer Literatur der Zukunft, die unsere Kinder und Enkelkinder mal lesen sollen, gut, wenn mal Wahrheit geschrieben und gesprochen wird und nicht Lügen noch mit Nobelpreis für Literatur und Bundesverdienstkreuz geehrt. Die Welt lacht schon über uns.

Vielleicht traut sich mal jemand an wertvollste, vorhandene Veröffentlichungen. Lesen Sie mal die **vier Bücher von Carl Gibson,**

„Die Zeit der Chamäleons",
„Ohne Haftbefehl gehe ich nicht mit",
„Plagiat als Methode", (alle drei 2014 erschienen), und
„Vom Logos zum Mythos", 29.01.2015 erschienen,

dann werden Sie wissen, wo die Wahrheit steckt.

Ich habe diese damalige Diktatur erlebt, mit all ihren Schikanen, gönne jedem jeden Preis, wenn die Quellen der Preisverleihentscheidung, die beschriebenen Tatsachen in Bücher und Interviews der Wahrheit entsprechen.

Ja, vielleicht daher keine Akzeptanz, meinerseits, für all diese Lügen, weil ich in dem Literaturnobelpreis eine Ehrung sehe, die Krönung für die Werke des Geehrten, für Inhalt, Sprache, Stil, vor allem für seine Quellen, seine Wahrheit.

In einem Interview mit „Realitatea.net Sechelele comunismului", am 08.10.2009, vom Reporter gefragt, ob der Nobelpreis für Literatur Auswirkungen auf das literarische Schaffen eines Autors hat, **sagte Herta Müller, dass der einzige Vorteil dieser Auszeich-nung die große Geldsumme ist, welche der Preisträger be-kommt, keinesfalls die literarische Anerkennung.**

Daher wohl die vielen Preise, Ehrungen???

Wer akzeptiert, dass ein Moderator (ARD Bühne) mit solchen Wor-ten über den eigenen Vater urteilt: „Ihr Vater war ein SS-Mann, der sich tot gesoffen hat...", das sagt unheimlich viel aus. Da haben wohl beide noch nie mitbekommen, dass Alkoholismus eine schwere Krankheit ist. Außerdem, ihr Vater hat doch als LKW-Fahrer gear-beitet. Diese Fahrer waren, auch im Rumänien der damaligen Zeit, nicht ununterbrochen stockbesoffen am Lenkrad. Und diese Herab-würdigung, dass ihr Vater LKW-Fahrer war, das ist auch realitäts-fremd. Jeder der konnte, wollte LKW-Fahrer sein, weil diese den be-sten Kontakt überall hatten und mit allem sich bestens versorgen konnten.

Wie lange sollen sich die echten Opfer der Diktatur, die Leserschaft, all diese Lügengeschichten über Banat, seine Menschen noch anhö-ren?

Welches wohl die Anzahl derjenigen Teilnehmer, bei dieser Konfe-renz, die mitdiskutieren dürfen, die auch das Banat, seine Geschich-te, seine Menschen, die tatsächliche Realität der damaligen Diktatur kennen? Oder ist´s egal, ob der Inhalt als Lüge oder Wahrheit ge-schrieben? Inhalt des Buches egal, wichtig man betreibt Sprach-forschung?

Werden in der **Gegenwartsliteratur** die literaturwissenschaftlichen Auseinandersetzungen **am Inhalt der Werke vorbeidiskutiert?** Spielt es keine Rolle mehr, ob dieser Lüge oder Wahrheit? Hier geht es um Realitäten einer Diktatur, Geschichte des Banats, seiner Men-schen, in keinster Weise um eine Liebesgeschichte.

Ich suche bis heute die Fußnoten, die mir zeigen, was Oskar Pastior diktiert, ganz viele Hefte voll geschrieben, so Herta Müller: „Er hat diktiert, ich habe geschrieben, ganze Hefte voll." Wo kann ich diese von O. Pastior (der Himmel möge ihm Frieden schenken) so wertvollen, von ihm diktierten Zeilen, Erinnerungen finden? In keiner Ausgabe eine Fußnote zu finden. Nicht zu erkennen, welches die von O. P. diktierten Zeilen, welches der Zusatztext der Autorin. O. Pastiors Zeilen wurden übernommen, so die Autorin. Das glaube ich sofort. O. Pastior besaß Sprachmacht einzigartiger Eigenartigkeit. Wenn ich jemandem ganze Hefte voll, über lange Zeit, diktiere, dann gehe ich davon aus, dass mein Werk, meine Gedanken, meine Erinnerungen meinen Namen tragen, einfach durch eine Fußnote.

Wenn Deutschlands Germanisten, Wissenschaftler, Literaturkritiker, Politiker, Journalisten, Verleger keinerlei Ahnung von der Banater Geschichte, den tatsächlichen Gräueltaten der Diktatur der damaligen Zeit in Rumänien, dann wären Recherchieren, Nachforschen ein ehrlicher Weg.

Werden Sprache, Sprachkunst. Ethik, Poetik, Bildsprache tatsächlich am Inhalt der Werke vorbeidiskutiert? Ist das, in der Gegenwartsforschung, „denken" in der „Gegenwartsliteratur"?

Ja, in der Welt der Märchen, müssen Hänsel und Gretel die Lebkuchen essen, weil sie hungrig. Müssen wir, als Leser, tatsächlich mit ansehen, wie solche Lügengeschichten ignoriert werden, Veranstaltungen verschiedenster Themenauseinandersetzungen stattfinden, nur der Inhalt, den will man nicht berücksichtigen? Soll ich mir vielleicht den Apfel bunt bemalen? Macht nichts, wenn er zu alt, faul? Wichtig nur, dass er bunt?

Was hilft mir die Sprache, Sprachbilder eines Werkes, wenn der Inhalt des Buches mich nicht über Wahrheit informiert, sondern durch gefälschte Aussagen, ob über Banat, Leute, Sprache, Brauchtum, über die wahrhaftig grauenvolle Zeit der Diktatur, die wahren Opfer dieser Zeit, irre führt, vorbei an der wahren Geschichte all dieser Realitäten. In diesem Sinne, viel Erfolg und Freude beim Erfahren der Wahrheit.
Mit freundlichen Grüßen
Elisabeth Anton, Speyer / Hatzfeld, eine Banaterin, die einfach nur die Wahrheit liebt.

Schreiben an die Referenten der Tagung „Kindheit und Jugend in fiktiven und realen Beschreibungen"

betr.: Veranstaltung am „Heiligenhof" in Bad K. zum Thema:
„Kindheit und Jugend in fiktiven und realen Beschreibungen von Schriftstellern" (sinngemäß)
Das Schreiben ging auch an die Presse in Bad K.
und an die Staatsministerin für Kultur und Medien,
Frau Prof. Monika Grütters (CDU).

Sehr geehrter Herr Prof. LS,
Sehr geehrter Herr Prof. AB,
Sehr geehrter Herr Prof. MF,

Sie erhalten dieses Schreiben von mir, weil Sie als Referent am Heiligenhof in Bad K. gemeldet sind. Das Thema ist eigentlich sehr gut gewählt, falls sich alle Referenten auch daran halten, dass sie vor allem die Erlebnisse der Jugendlichen aus den ehemaligen kommunistischen Ländern Osteuropas auch wirklich behandeln und nicht etwa „Vorzüge" von kommunistengeprägten Gedankengängen und Ideologien hervorheben. Ich werde Ihnen hier nur zwei Schriftsteller benennen, die zu ihrer gegebenen Zeit eher Privilegien der kommunistischen Diktatur „genossen", als dass sie verfolgt und eingesperrt gewesen wären, die sich aber heute hier im Westen als Dissidenten aufspielen. Das sind Cătălin Dorian Florescu und Herta Müller, die sich beide gleichermaßen die Banater Schwaben als ihre Hassobjekte ausgesucht haben und sie in ihren Werken entsprechend erniedrigend und „volksverhetzend" beschreiben, indem sie diese in ihrer Lebensweise, in ihren Sitten und Bräuchen und Identität total verfälscht darstellen. Das wirft ein schlechtes Licht auf die ehemalige Minderheit aus dem kommunistischen Rumänien, auch wenn das Thema ein ganz anderes ist, denn im Unterbewusstsein der Leser/ Teilnehmer wird es doch haften bleiben. Florescu schreibt es selbst in „Wunderzeit", Seite 189 „,...und was behauptet wird, bleibt haften, auch wenn es Unsinn ist." Das wird den Studenten und Doktoranden, die an der Veranstaltung in Bad Kissingen teilnehmen nicht anders ergehen. Ich bin empört darüber, wie meine Landsleute, die Banater Schwaben, von diesen „preiswürdigen" Schriftstellern (oder unverschämten Krixlern) literarisch „entstellt" werden, die Medien bejubeln diese „gute, deutsche" Literatur, verleihen ihnen eine Menge Preise, aber gleichzeitig werden alle Proteste und Kommentare der Betroffenen mit allen Mitteln verhindert. **Wie im Kommunismus!**

Falls Sie auch zu diesem Spektrum der „linksterroristischen[6] Ideologie" gehören, dann brauchen Sie hier nicht mehr weiter zu lesen.

Ich bin Banater Schwabe, in Triebswetter (Tomnatic, Naghi Ösz im rumänischen Banat) geboren, habe in Temeswar studiert und bin 1975 nach Deutschland umgesiedelt. Ich weiß also genau Bescheid über die Situation Rumäniens aus den Jahren der kommunistischen Herrscher. (Ich bin kein Nazi – aber auch kein Kozi – Kommunist, der vergessen hat, dass der Kommunismus schon seit über 20 Jahren in Europa passé ist.) Ich weiß auch genau, dass der Teil des Banates (in welchem meine Großmutter noch Ungarisch lernte, auch meine Schulkollegen aus Temeswar kannten noch Ungarisch) einmal zu Ungarn gehörte und das Ungarn einen großen Teil seines Gebietes an Rumänien verlor. Ich weiß auch, dass die Ungarn die Ersten waren, die schon 1956 (ich hör die Panzer noch rollen) gegen den Kommunismus aufbegehrten und habe auch mitbekommen, dass Orban in den 90er Jahren wieder der Erste war, der eine Trennung vom „großen Bruder" verlangte. Aber – das weiß MAN alles hier in Deutschland NICHT – und jeder Schriftsteller, der es schlau angelegt hat, der wird hier als „Dissident" gehalten, obwohl niemand irgendwelche Fragen stellt und Beweise verlangt. Legt jemand Beweise vor, so muss dessen „Meinung" (eigentlich die wahrheitsgemäßen Fakten) mit allen Mitteln vertuscht, verschwiegen und verheimlicht werden. Ich werde auch noch andere Referenten und den Organisator, sowie Geldgeber (Steuerverschwender i.B. auf Florescu und Herta Müller) zu diesem Thema anschreiben. Sie bekommen aber dieses extra Schreiben, weil ich Sie auf die Schriften von C.D. Florescu und Herta Müller aufmerksam machen möchte.

C.D.Florescu schrieb einen Roman „Jacob beschließt zu lieben" über meinen Geburtsort Triebswetter. Natürlich konnte er mit seiner Hypnose und seinem Charme an meiner Person nicht ohne heftige Kritik vorbei kommen. Meine Meinung dazu: **Persönlichkeitsrechtver-**

---

[6] Unter Berücksichtigung der 68er Randale, RAF (Rote Armee Fraktion) Umtriebe, G-20-Proteste 2017 und des Buches: „Das Schwarzbuch des Kommunismus" vom französischen Historiker Stéphane Courtois.

letzung (der beschriebene Hauptdoppelprotagonist – **Jacob oder Jakob** – lebt noch und wurde nicht gefragt, ob Florescu DAS über ihn schreiben darf), **Volksverhetzung** (weil er die Banater Schwaben aus Triebswetter nicht als die Leute beschreibt, die sie sind und waren – totale **Identitäts- und Geschichtsverfälschung** und Entnahme von **Originalnamen** aus einem Familiensippenbuch) und **Verunglimpfung** des Antlitzes **von Toten** vom Triebswetterer Friedhof (weil er vom Jac/kob O. ein Friedhofsbuch erhalten hatte, aus dem ebenfalls Original-Namen entnommen wurden). Und dass er das alles nicht darf, weiß er ganz genau, obwohl er nicht Literatur studiert hat. **Nennt man das FIKTION?**

Als der „bauernschlaue Oltener" einmal (in der ADZ – Allgemeine Deutsche Zeitung in Rumänien) sagte, dass er und Herta Müller dasselbe Thema beackern, habe ich mir alle seine Bücher (außer „Der blinde Masseur") kommen lassen und sie analysiert. **Mein Urteil: Sexistisch vulgäre Fäkalienliteratur, mit Belobigungen kommunistischer Prägung, frauenfeindlich, besäufnisverherrlichend, rassistisch (hauptsächlich gegen Ungarn und Deutsche) und menschenverachtend, die von „Experten des Westens" für so gut gehalten wurde, dass er mehrere Preise dafür erhielt.** (Man sieht darin auch, wo das Niveau des Westens unter „linksterroristischer Ausrichtung" der 68er hingekommen ist.) Ich habe mir danach auch einige Werke von Herta Müller besorgt (zuerst „Niederungen") und diese auch analysiert.
Fazit: Die **Vita beider Schreiber ist bis auf die Geburtsdaten und den Geburtsort (fast) total verfälscht** und so angepasst, dass sie beide hier als „Dissidenten" gehalten werden können, obwohl Florescu eigentlich sagt, dass er kein Dissident sei. Sie finden die Lügen (mit Kommentaren, die NIE veröffentlicht wurden), die über Florescu und (hauptsächlich über) Herta Müller in der deutschen Medienlandschaft verbreitet werden auf meiner Homepage (**Banater Schwaben und ihre Diskriminierung**): http://www.triebswetter.de/roman.htm für Florescu und http://www.triebswetter.de/roman-hm.htm für Herta Müller.

Einige Zitate (Highlights) aus Florescus Werken. Vielleicht kennen Sie diese auch schon. Sie können sich selbst ein Urteil bilden. (Sie können auch Herrn M.F. fragen, was er davon hält, denn er referiert über „Florescus Kindheit und Jugend".)

„Das gelbe Zollhaus hat Fenster... Vater kennt sich gut aus... Hier also leisten unsere Jungs Dienst..." (Gelbes Zollhaus? UNSERE Jungs? Florescu ist bereits Schweizer!) „Unsere Jungs bewachen aus der Ferne unseren Wagen auf dem leeren Parkplatz des Grenzpostens." (Banater Schwaben standen bis zu 18 Stunden am Grenzübergang.)

„Wir hatten eine tolle Volksarmee mit strahlenden Gesichtern und sauberen Panzern. Unsere Jungs setzen sich ein... Die Forderungen des geliebten Führers sollen vollständig erfüllt werden..."

„Der Obergenosse (Ceauşescu) war ein beschäftigter Mann... Und zeigte den Weg für uns auf, damit wir auch in Zukunft so glücklich sein würden, wie bisher."

(Aus der Schule) „Aber die hatten **auch nicht Frau Wygor** als Lehrerin." „... Auf den Buchstaben **W** können wir gerne in unserer Sprache verzichten." (Den Buchstaben W gibt es im Rumänischen nicht, Wygor ist ein ungarischer Name, den man nicht haben möchte!)

(Die Neger in Washington:) „...die leben wie in einem Schweinestall, alles verbrannt, alles verdreckt. Wenn da mal einer die Tür öffnet, hält man sich besser die Nase zu."

„Ich hatte meistens neue **Schimpfwörter** gelernt: **Hurendreck**... Sagt Negreanu zu seiner Frau..."

„Der Leutnant und seine Frau schrieen sich lautlos an... Er packte sie am Arm und schlug auf ihren Bauch ein." (Sie war schwanger!)

„Die schlanken Beine der Geschichtslehrerin, die sie übereinander schlug, die weichen Waden zusammengepresst... Sie verteidigte das Tor besser als der Torhüter... Bei der Madame wussten wir nicht genau, was nach den Waden kam..."

Jon: „Er hängt an seinem Auto aber das ist kein Grund. Hängen sollte man nur an Frauen aber nur so lange sie die Beine spreizen."

„Ich lernte nebenbei Ausdrücke wie du <u>Hurenfotze, stinkende Fotze, du Hexengift, Fotzenmutter</u>. Ich merkte sie mir und fragte Vater nach ihrer Bedeutung."

„Ich hatte den Willi zwischen den Seiten des sozialistischen Aufklärungsbuches gerieben. Nicolaescu, dem das Buch gehörte, nahm mir die fehlenden Seiten übel, die ich mit der Gillette-Klinge meines Vaters entfernt hatte..."

„Auf den letzten hundert Metern überholten wir Privatwagen... Wenn wir vorbeifuhren, drehten sie einer nach dem anderen die Köpfe, denn wir saßen im Wagen aus dem richtigen Land." (Im Wagen aus dem richtigen Land oder mit dem <u>richtigen Kennzeichen</u>, welches die Grenzer auch gleich erkennen konnten? Schon wieder <u>keine Kontrolle</u>? Kein Stau, bis teilweise 18 Stunden? Wer kann an einem Stau einfach vorbeifahren?)

(Getrocknetes Gras) „Als Vater heiratete, bekam er die andere Hälfte. Das war der Grund, weshalb wir 1982 so einfach über die Grenze konnten. (GANZ SICHER! Der „Aberglaube" hat geholfen oder das Kloster „Secu"!) Weil Vater überall im Auto, im Gepäck und über uns Gräser gestreut hat. Dass man uns mit wenig Aufwand und Kontrolle praktisch durchwinkte, wo man doch anderen den Wagen auseinander nahm."

„Es gab Gras und Bier und Schnaps und Jeck Daniel's und Baccardi Rum, und das Gras hatten Ausländer mitgebracht... Man hatte schnell reagiert, nicht anders als die Zöllner und Huren und die Rentner am Bahnhof Keleti." (Zöllner, Huren, Rentner – alle ein Sumpf?)

„In Târgu-Mureş war den Menschen (Ungarn) die Glut ins Hirn gestiegen. Die Revolution gegen den Diktator (Ceauşescu) hatte ihnen nicht genügt. Unschuldig war keiner, <u>aber die „bozgori" waren schuldiger</u>. Anderthalb Millionen (früher 2 Mill.) waren die, doch lautstark wie zwanzig. Nur sie, eben die Ungarn, hatten nach dem Ersten Weltkrieg so viel Land verloren, und das wollten sie jetzt zurück. Aber verloren ist verloren. Schlechte Verlierer." (Bozgori = rumänisches, abwertendes Wort für Ungarn)

„...Die Armee habe gar nicht geschossen. Dann, dass es das Ausland gewesen war, die Ungarn. Leute, die schuldig waren, wurden entschuldigt. Dinge wurden erfunden." (Die Ungarn waren an der „geglückten" Revolution 1989 in Rumänien „schuldig"!!! Die Ungarn sind also „schuld", dass Rumänien heute „diktaturfrei" ist!)

„Es sind üppige Frauen. Sie essen viel Fleisch und Suppen namens ‚Ciorba' (*Gemüsesuppe*) mit großen Fettaugen darauf... In den winzigen Küchen kochen sie, lassen sich volllaufen und streiten."

ZUSAMMENFASSUNG NEGATIVER TUGENDEN
(„Sinnlichkeiten" und „Erkenntnisse fördernde Vergnügen"
beim Lesen laut einer Verdummungspresse?)

26x	Saufen, Besoffene, Alkohol, Schnaps
4x	Stehlen
14x	Frauen erniedrigend, verachtend, Huren
8x	Aberglaube
10x	Drogen
10x	Szenen aus amerikanischen oder italienischen Spielfilmen/Erinnerungen (Reservoir der Fiktionen...)
10x	Sexistisch, teils vulgär
8x	Nationalistisch gegenüber Ungarn
5x	unzivilisiert Essen
2x	Ehebruch, Untreue
2x	Ochsenkarren (fahren ununterbrochen in allen Romanen!)

SEXISTISCHES/VULGÄRES

„Lucas Schwanz steckte in ihr, als er in sein Zimmer ging. Sie spreizte weit die Beine, lutschte an seinen Fingern und sein Schwanz steckte in ihr."

(Zigeunerin) „Ich schaute ihre Augen an, ihren Busen und wieder ihre Augen. Zu Hause stellte ich mir vor, dass ihre Brüste so groß waren wie die Sonne und fressen durfte nur ich... Danach war in der Hose etwas steif geworden."

(In Budapest) „Und an Huren sollte ich gar nicht denken, die holten einem das Geld aus der Tasche schneller als der Staat."

„Ich stieg in den Tanz ein. An mir rieben sich fremde Brüste und Blicke, ich war erregt, also ging ich aufs Klo und masturbierte. Das Sperma lag warm auf meinem Bauch und in meinem Bauchnabel..." (Auf dem Klo? Lag er auf dem Rücken oder machte er Handstand oder Kopfstand?)

„In Europa hatte es sich herumgesprochen, dass Ungarn die besten Muschis hatte"...

„Zizi hat den Boden verkauft..." (...an die Kommunisten? Diese haben sich genommen, was sie wollten, ohne jemanden zu fragen, oder etwas dafür zu bezahlen.)

„...am nächsten Tag zum Passamt und beantragten **URLAUB in Prag**. Eine Woche nur im August." (Und das 1968 während des Prager Frühlings?...)

„Vier Tage später hatten wir die Pässe. (Das war wieder ein Aberglaube, [...] da hatten die Banater Schwaben – die 10-20 Jahre auf den Pass warten mussten – wohl immer Pech oder nicht den richtigen Aberglauben?)

„...der Blinde wollte sich festhalten, doch er stürzte über die Schnapsflasche, mit der sich der Lehrer Mut machte... der scharfe Geruch des Alkohols vermischte sich mit den Gerüchen verunstalteter, sterbender Körper (von Behinderten)." (Lehrer als Schnapssäufer, wie cool, und die verunstalteten Körper sterbender Behinderter, wie Preisverdächtig!!! Das muss in allen Deutschen und Schweizer Schulen vorgelesen werden!!!)

„Für tschechoslowakischen Schnaps war gesorgt worden. Sie wollten sich bis zur Bewusstlosigkeit betrinken." (Diejenigen, die gegen den Kommunismus aufbegehrten waren entweder besoffen oder unzurechnungsfähig.)

„Man sagt, dass diese Politik ziemlich feucht ist, weil sich dort alle besaufen. Und man sagt, dass es bei Ihnen die teuersten Nutten der Stadt gibt" (in Washington?).

Über Studentinnen und Alkohol: „Manchmal gehen sie mit so einem ins Bett und meinen, sie hätten eine gute Partie gemacht... Aber haben sie keine Angst, hier möchte ich keine Huren haben...dann sind noch die Politiker und Anwälte selbst, die sich gern besaufen." (Politiker, Anwälte, Studentinnen, Huren und Alkohol. Gute Mischung! DER DEKADENTE WESTEN aus der SICHT DER ALTKOMMUNISTEN!)

„...die Männer lobten ihn und brachten Schnaps, er kippte das Glas in einem Zug aus, wischte sich den Mund mit dem Ärmel ab." (...unzivilisiertes Saufen!)

„Die Männer rissen schweigend große Brotstücke ab..." (Unzivilisiertes Essen...)

Beim Alkoholiker Traian: „Auf seinem Pult, auf den Regalen, unterm Bett, auf dem Sofa standen und lagen leere Wodka- und Whiskey-Flaschen, Cognac-, Bier- und Weinflaschen."

„...Die Flaschen... standen wieder überall, auf den Regalen, Tischen, Boden, Abstellkammer, Bad, Balkon, Bett." (Das beispielhafte Bild eines Koma-Säufers... Preisverdächtig! Kann in ALLEN Schulen vorgelesen und angeboten werden!)

„Joana stahl nicht nur bei den Morgans, sondern aus allen Häusern, in denen sie sauber machte... (Joana) Ich weiß es nicht, ich muss es einfach tun. Die Leute, bei denen ich putze, haben so viel davon."

Zaira, die Trinkerin: „Ich trank und wenn ich ausgetrunken hatte, trank ich weiter. Die Flaschen kullerten durch mein Haus... Ich wachte nur auf, um Alkohol zu kaufen, das ganze Haus war mit Alkohol imprägniert." (Alkoholikerbeispiel ohnegleichen. Gutes Beispiel für ALLE Schüler!)

ZUSAMMENFASSUNG FÜR „IDENTITÄTSSUCHE"
UND „ERKENNTNISSE FÖRDERNDE" BEGRIFFE

Alkohol, Schnaps, Besoffene	**68-mal**
Fremdgehen, Ehebruch, Huren	**30-mal**
Spucken (teils ganze Seiten)	**8-mal**
Geburten/fachfremde Hebamme	**3-mal**

(keinen Unterschied zwischen Kalb und Kind)
Joint (guter Stoff) rauchen
Dreck, Stehlen, Edelnutten, nur eine intakte Familie:

„Österreichungarn" (Zsuzsa und Josef und die in Oltenien?)

Alkoholismus: jede 7. Seite.
Frauenverachtung: jede 16. Seite.
Hitler- und Naziverherrlichung.
Lob rumänischer Nationalkommunisten.

SEXISTISCH/VULGÄR

„... man soll ‚flachlegen' was man liebt..."

Mioara – „... große Brüste - wo alle davon saugen - auch die Männer, die nicht ihr Mann waren..."

„... pralle Brüste... Fütterst die ganze Königsarmee."

„Mioara hatte immer Milch gegeben, ihren Männern, den Kindern, die sie von den Männern hatte."

„Was wäre: Misa ohne Alkoholgeruch und Mioara ohne ständig volle Brüste?"

„...Mütter mit Männern, von denen man nicht wusste, ob sie ihre Männer oder ihre Geliebten waren... Die Stunde des Puppentheaters war immer auch die Stunde des Ehebruchs."

(Im Puppentheater) „Da gab es die Männer, die ihre Frauen während der Sonntagsmatinee betrogen... Auch die Geliebten dieser Männer... Was für ein großes Reservoir für Seitensprünge."

„...auch wenn ihm nur listige, grinsende Zigeuner, fette Hausfrauen und Männer mit vom Alkohol geröteten Gesichtern Modell standen."

„Sie ist kaum 25 und schon auf dem Edelnuttenstrich. (Woher die zarte Haut?) ... Nein ich bade lieber in Whiskey."

Robert betrügt Zaira: „Du betrügst mich. Du benimmst dich wie ein Esel, zu Hause und bei der Arbeit. Schämst du dich nicht? Du bist bald 60 und sie ist 20?" (Später erfährt man, es war ein sexuelles Verhältnis mit der Stieftochter)

Dumitru zu Zaira: „Sie hatten fast stärkere Waffen als ich. Wenn eine Frau die Schenkel öffnet, hat sie fast immer stärkere Waffen." (**Und das wird in Deutschland, Österreich und der Schweiz in Schulen „gelesen" und angeboten! OHNE WORTE!**)

Reichen Ihnen diese Zitate, als Beweis für meine Meinung: Sexistisch, vulgäre Fäkalienliteratur – frauenfeindlich, besäufnisverherrlichend und volksverhetzend?

Dabei habe ich noch gar nichts über „Jacob beschließt zu lieben" geschrieben. Was Florescu in diesen drei Romanen an Dreck, Alkohol und Sexismus zusammengetragen hat, fasst er dann gleich am Anfang des Buches in einigen wenigen Sätzen über die Banater Schwaben in „Jacob" zusammen: „Die animalische Kopulation, wenn sie von Erregung und Verlangen durchflutet waren, war das Einzige, was ihnen ganz allein gehörte und sie entschädigte. Sie und der Schnaps in der Kneipe. Häufig fand der Beischlaf vor Sonnenaufgang statt, nicht, um sich vor Gott zu verstecken, sondern weil sie nur dann nicht müde waren. Betäubt vom Stallgeruch, vom Kot und Urin im Nachttopf, von der abgestandenen Luft, von Mundgeruch und dem Gestank dreckverkrusteter Füße und ungewaschener Körper, zerstochen von Flöhen und Mücken, rutschten sie unter der Strohdecke herüber und fanden schnell den ebenso übel riechenden Körper des anderen." (Hervorragende schriftstellerische Meisterleistung zwecks Entwürdigung der Banater Schwaben. Identitätsverfälschung ist Volksverhetzung!)

Wieso kann ein Roman eine „Fiktion" (der erfundene Begriff für schriftstellerisches LÜGEN) sein, wenn darin der echte Name des Dorfes vorkommt, wenn darin echte Familien-Namen der Triebswetterer vorkommen, deren Geschichten durch den Dreck (oder durch die Scheiße) gezogen wurden, wobei man auch nicht zurückschreckte das Antlitz von Toten zu beschmutzen. Wie wird der Rentner Jakob (83, als Banater Deutscher) sowie Jacob (aus seinem rumänischen Ausweis) beschrieben? Entwürdigend und erniedrigend. Äußerst persönlichkeitsrechtverletzend. Und da wird behauptet, dass der Roman „sich jedoch von der Biografie realer Personen distanziert", was eigentlich im Grunde stimmt, weil der Autor die IDENTITÄT aller Triebswetterer, die im Roman vorkommen, verändert hat. Selbst die Auswanderer aus Lothringen, die ihre alte Heimat „mit Blut an den Händen verlassen" haben, auf dem Weg noch schnell einen Mord begingen, um danach als „Zivilisationsstifter" das Dorf Triebswetter zu gründen! **Kapiert denn kein Leser oder Kommentator, dass diese ständigen Rückblenden eine „Kriminalisierung" der Ansiedler Triebswetters darstellen?** (Ich halte mich zurück, um den geistigen Zustand dieser Leute zu charakterisieren: Nationalisten und Rassisten und...) Was waren denn die Vorfahren Obertins: Frontenwechsler, Mörder, Zigeunerjäger, Zigeunerhenker, Geiselnehmer, Irre (kannten das eigene Zuhause nicht mehr), Brandstifter, und Vergewaltiger. Und wie ergeht es dem wehrlosen Rentner Jakob Oberten, der sowohl als Jakob (mit k, der böse verbrecherische Deutsche mit Lothringer Wurzeln), wie auch als Jacob (mit c, der liebe und gute Rumäne, der sich nur bei der Zigeunerin wohlfühlt, weil Florescu diese so gut findet und gut kennt, dass er in einem Roman schreibt, dass ihre „Brüste so groß wie die Sonne" waren und „nur ER reinbeißen" durfte - das war glaubwürdig!) beschrieben wird: Seine Mutter war eine Hure, heiratete einen Zigeuner, er wurde auf dem Mist geboren, er verriet seinen Sohn an die Russen, die ihn verschleppten, er säuberte menschliche Knochen, hielt sich in einer Gruft bei den Toten auf, usw. Ja geht es noch übler zu? Zwei mal wurde den Banater Schwaben ein Verbrecher (einmal der Frontenwechsler und Mörder in Lothringen und einmal der Zigeuner, der über die Karpaten aus dem Osten kam, um Elsa zu heiraten, deren Familiennamen annahm und Katica ermorden ließ) untergejubelt und keiner hat wohl etwas gemerkt! **Kann man das noch TOPPEN? JA, man liest es Schülern vor: <u>DAS</u> waren die <u>Banater Schwaben</u> und ihre Vorfahren!** TOLL! SUPER! SPITZE! Und was macht die Presse? Dermaßen LÜGEN, dass das Schundwerk noch einen und noch einen PREIS bekommt. <u>Gratulation für EURE „intelligent", volksverdummende „Pressefreiheit"</u>!

Was schreibt eine Schweizerin: „Ich schäme mich als Schweizerin, dass gerade dieser Roman den Schweizer Buchpreis erhalten hat" (Was hat das bitte alles mit Nazis zutun? Kritiker des Werkes von Herta Müller „Niederungen" und „Jacob beschließt zu lieben" wurden von diesen und anderen „linksterroristischen", selbsternannten, „antifaschistischen Kämpfer" als „Nazis" beschimpft!)

Zitat aus dem Schreiben einer Schweizer Gymnasiastin, die als Vorbild für „unsere Pressefreiheit" gelten sollte: „Ich habe gestern angefangen, das **Buch noch einmal genau zu lesen**. Dabei habe ich gewisse Namen bzw. Ereignisse mit dem Treffil-Buch bzw.

Wikipedia (Eintrag Banater Schwaben) abgeglichen und allfällige Fehler, Ungereimtheiten und abschätzige Worte mit Leuchtstift markiert. **Und langsam schäme ich mich als Schweizerin, dass dieser Roman mit dem Schweizer Buchpreis ausgezeichnet wurde, denn mein Buch ist voller Leuchtstift!!!** Florescu war äußerst clever, denn beim Ersten-Mal-Durchlesen, fallen einem die Seitenhiebe nicht auf, sondern sie werden eher als „literarische Ausschmückungen" getarnt. **Dabei werden die Familie Nepper und viele andere durch den Schmutz gezogen und niemand merkt etwas."**

Und genau das befürchte ich (dass niemand etwas merkt), wenn die „Kindheit und Jugend" des „literarischen Meisters" Cătălin Dorian Florescu in Bad K. behandelt wird. Die Studenten und zukünftige Doktoranden werden nicht drum herum kommen, auch diese volksverhetzenden Beschreibungen im Unterbewusstsein zu speichern und jedes Mal, wenn sie Banater Schwaben oder Triebswetter irgendwo lesen, entsteht bei ihnen eine entsprechende Ablehnung.

Die endgültige Bewertung der Triebswetterer zum Roman „Jacob beschließt zu lieben" von Catalin Dorian Florescu.
Ein Rumäne beschreibt Triebswetter als Banater Dorf, in welchem er nie gelebt hat und dichtet den deutschen Einwohnern identitätsfremde Lebensgewohnheiten an. Er beschreibt sie als dreckige, stinkige, besoffene Mörder, Zigeunerjäger, Zigeunerhenker, Brandstifter, Geiselnehmer, Vergewaltiger und verwendet dabei die Namen real existierender Personen und deren Vorfahren mit negativ aufpolierten Geschichten aus dem Familiensippenbuch der Triebswetterer <u>mit einer wortgewaltigen, hervorragend gestalteten schriftstellerischen Meisterleistung</u>. Er hat sich wirklich VIEL Mühe gemacht unsere Identität und Geschichte zu verfälschen. (Das ist rassistische Volksverhetzung!!!)

Das ist kein Geschichtsroman der Banater Schwaben, das ist kein Familienepos der Triebswetterer Familie Obertin, das ist eine Kriminalisierung unserer Ahnen und Vorfahren aus Lothringen, das ist eine Identitätsverfälschung der Banater Schwaben (also Volksverhetzung), das ist eine Schmähschrift gegen die Triebswetterer im Besonderen und Banater Schwaben im Allgemeinen!

Der reale Name Triebswetter und alle real existierenden Triebswetterer Familiennamen, die zusammen mit ihren Kurzgeschichten, die
negativ aufpoliert aus dem Familiensippenbuch übernommen
wurden, dürfen kein Thema für einen Roman, der zwischen Wirklichkeit und Fiktion keinen Unterschied macht, sein.
DAS IST „SCHUNDLITERATUR"!

Jakob (mit k, die deutsche Schreibweise) ist der Böse und Üble und
Jacob (mit c, die rumänische Schreibweise) ist der Liebe und Gute,
sagt in meinen Augen alles aus. Der Autor spielt mit Identitäten, die
er mit „einem" Buchstaben verändern kann (siehe Thüringer Allgemeine). Das sind nationalistisch-rassistische Beschreibungen, die
absichtlich erfolgt sind.

**Ihre Väter haben unsere Eltern um ihr Vermögen und ihre Frei-
heit beraubt und die Söhne berauben uns jetzt unserer Identität.
Das ist eine Beleidigung, Erniedrigung und Diskriminierung der
OPFER der rumänischen kommunistischen DIKTATUR!**

Dies gilt auch für alle, die diesen Roman in grenzenlosen Kommen-
taren loben und für alle die, die angeblich viel für das Gelingen des
Romans beigetragen haben, bei welchen sich der Autor bedankt:
„Der Autor dankt dem Land Schleswig-Holstein und den Städten
Erfurt und Baden-Baden sowie dem Literarischen Colloquium Berlin
und der Bosch-Stiftung für die Unterstützung dieses Romans".

Das Goethe-Institut hat sich auch nicht mit Ruhm bekleckert, denn
es war schon 1982/1984 bei der Verbreitung des Schundwerkes
„Niederungen" beteiligt. Dasselbe gilt für den DAAD (Deutscher Akademischer Austausch Dienst), bei welchen ich keinerlei „akademi-
sche" Ausbildung erkennen kann, wenn die hergehen und dafür sorgen, dass das Schundwerk Florescus noch in mehreren Sprachen
übersetzt werden soll.

**Entschuldigen Sie, dass es jetzt so viel geworden ist.
Ich werde mich jetzt kürzer fassen – falls Sie Belege brauchen,
dann können Sie sich ja noch einmal bei mir melden.**

Ich möchte noch etwas über **Oskar Pastior und Herta Müller** hinzufügen.

Über Oskar Pastior habe ich in dieser Hinsicht (Thema siehe oben) nichts zu melden. Er soll ja für die Securitate gearbeitet haben, und das wusste Herta Müller (angeblich) nicht. Also hat er es recht schlau angestellt. Es standen ja viele auf der Liste der IMS (Informelle Mitarbeiter der Securitate), aber nicht alle waren mit den Tätigkeiten, die ihnen auferzwungen wurden, verbunden. Aber so mancher Redakteur war gezwungen es zu tun. Andere wieder waren so gut, dass sie entsprechende Privilegien genossen: Reisefreiheit, Pressefreiheit, usw. Wenn Oskar Pastior „fast nichts getan" hat (so Herta Müller), warum hat sie und Richard Wagner dann Horst Fassel (Professor für Germanistik in Jassy) dann als IMS durch die Medien gejagt, obwohl es ganz sicher ist, dass dieser nichts mit der Aktionsgruppe in Temeswar (800 km weiter westwärts) zu tun hatte.

Wenn es bei **Herta Müller um „Kindheit und Jugend"** geht, dann kann es nur um das von den Banater Schwaben mit mehr als Argwohn betrachtete **Prosawerk „Niederungen"** gehen. Leider sind in der deutschen Öffentlichkeit die wenigsten Sachen darüber bekannt, weil es nur Veröffentlichungen der „linksterroristischen" Pressefuzzis gibt. Alles andere wurde unterdrückt, und zwar weil Herta Müller die „richtige Bemerkung" in den deutschen Medien machte: „Die Banater Schwaben sind faschistoide Ethnozentriker". Und jene, die ihr Werk kritisieren, sind Nazis. Mit dieser Bemerkung hat sie schon mehr als 30 Jahre lang Erfolg gehabt, obwohl andere Stimmen auftauchten, die ihre „erfundene" Vita in Frage stellten.

Etwas zur Veröffentlichung der „Niederungen" 1982

Im 18. Jahrhundert übersiedelten Leute aus Elsass-Lothringen, der Pfalz, und Süddeutschland unter der Obhut von Österreich-Ungarn in das Gebiet, welches man heute das Banat nennt. Die Umsiedler wurden nach und nach Donauschwaben und die in Südungarn Banater Schwaben genannt. Nachdem in den kommunistischen Diktaturen – in Rumänien waren das auch Nationalkommunisten – das Bleiben immer unerträglicher wurde (weil sie durch Deportationen in die Sowjetunion und in den Bărăgan, sowie durch ewige Bespitzelung und Nazi-Vorwürfen und ungewollte Kollektivierung), kam eine erneute Umsiedlung, diesmal von Ost nach West, zustande. Es gab sogar zwischen 1968 und 1989 eine (geheim gehaltene) Vereinbarung zwischen der Deutschen Regierung und dem Ceauşescu-

Regime, die Rumäniendeutschen „freizukaufen". Mitten in dieser Freikaufaktion kam nun das „Prosawerk" Herta Müllers auf die Ladentheken (1982 in Rumänien und 1984 in West-Berlin), in welcher die Banater Schwaben (die Siebenbürger Sachen hingegen nicht) als die „unmöglichsten Menschen" auf Erden beschrieben wurden. Diejenigen, die dem rumänischen, kommunistischen Regime entkommen konnten, wurden so in Deutschland von einer „linksterroristischen" Berichterstattung konfrontiert (es war dasselbe als das, was heute mit unerwünschten Migranten gemacht wird) Und Herta Müller und die „Aktionsgruppe Banat" konnten nicht verstehen, dass diese Literatur keinen Anklang bei den Banater Schwaben fand.

Was schreibt Richard Wagner über Carl Gibson?
„Gibson hält wahrscheinlich einen einzigartigen Rekord im heutigen Deutschland. Er ist wohl der aus den meisten Blogs Ausgeschlossene." (Und auch das ist das Ergebnis des imaginären Paktes zwischen den ehemaligen Altkommunisten aus dem Ceaușescu-Fan-Block und den „unfehlbaren" 68ern, damals vom KGB unterwandert, heute die Vorkämpfer für die Meinungsfreiheit, aber nicht für Carl Gibson (und andere Banater Schwaben), sondern für sich selbst. **Warum darf ein von der Ceausescu-Diktatur politisch Inhaftierter und Gefolterter in einem freien demokratischen Land – Deutschland - seine Meinung nicht äußern?)**

Wer sind hier die „Guten"? Und wer sind die Intellektuellen? Und für wie blöd werden die Banater Schwaben gehalten, weil sie heute in einem (angeblich) freien Deutschland ihre Meinung (eigentlich die Fakten) nicht mehr äußern dürfen?

Herta Müller schrieb die „Niederungen" voller Hass
„SPIEGEL: Frau Müller, vor allem Ihr erstes Buch ‚Niederungen' zeigt, dass Sie nicht nur unter der staatlichen Repression, sondern vielleicht noch unmittelbarer unter der engstirnigen, beschränkten, oft reaktionären Mentalität der deutschen Minderheit gelitten haben. Waren Sie in einem doppelten Sinn heimatlos?"
MÜLLER: »Ja, genau diese muffige spießige Provinzialität hat mir den Hass eingegeben, mit dem ich die „Niederungen" schreiben konnte.«

Schlussfolgerung von Carl Gibson:
„Herta Müller ist uneinsichtig und bleibt bei ihrer Hetzbotschaft.
Da diese Wahrheit nicht an den Tag durfte, behindert durch undemokratische Machtausübung, durch Lug und Trug und Täuschung,
darüber hinaus auch noch durch moralisch verwerfliche Druckausübung auf Aufklärer und ihre Medien, steht für mich fest, dass die
Hasspredigerin Herta Müller ihren Nobelpreis nicht aufrichtig erworben, sondern verlogen ergaunert hat."

Einige Schlussbemerkungen

Anlass: Hölderlin-Preis für Herta Müller
Zitat: „Als Angehörige einer deutschen Minderheit in Rumänien aufgewachsen, thematisiert Herta Müller in ihren Texten, **Erfahrung
von Gewalt, Verlust der Würde und Heimatlosigkeit'**... Sie war
wiederholt Verleumdungen, Verhören und Hausdurchsuchungen
ausgesetzt. 1987 reiste sie in die Bundesrepublik Deutschland aus...
Ihr ‚Gefühl für Fremdheitserfahrungen' gilt als unbestechlich."
(Im Hinblick auf die „Niederungen" kann man nur den Verlust der
Würde und die Verleumdung, ja sogar Volksverhetzung gegenüber
ihrer Landsleute – den Banater Schwaben – anführen. Der Rest ist
Selbstinszenierung zur Dissidentin.)

Universität Jena verleiht <u>Sprachmagierin</u> Ehrendoktorwürde
Die sprachlichen Erfindungen, die in den (west)deutschen Medien
über Herta Müller kursieren, nehmen langsam „unglaubliche" Züge
an. Der Begriff „Sprachmagierin" stellt dabei ein Novum, ein Unikum,
der Gipfel der „literarischen Belobigungen" dar. Wenn Lügen, Betrügen, in die Irre führen eine besondere Fähigkeit mit Sprache umzugehen darstellt, dann passt das Wort „Sprachmagierin" hervorragend
zu allem, was ich in den letzten 6 Jahren gehört, gelesen und recherchiert habe.

Zitat Thüringer Allgemeine:
„Wie unsere Zeitung aus unterrichteten Kreisen erfuhr, haben die
Jenaer Rumänisten den maßgeblichen Impuls für diese Auszeich-
nung gegeben. Denn Müller, 1953 in Nitzkydorf, <u>Siebenbürgen</u>, geboren, gehörte dort der deutschsprachigen Minderheit der Banater
Schwaben an; 1987 übersiedelte sie nach massiven Repressionen
durch das Ceausescu-Regime in die Bundesrepublik."

Kommentar: In Siebenbürgen geboren und zu den Banater Schwaben zu gehören ist falsch. Es sei denn, die Siebenbürger Sachsen haben sich das Banat einverleibt oder erobert und annektiert. (Siebenbürgen liegt in Zentralrumänien zwischen den Karpatenzügen und das Banat – mit Nitzkydorf – liegt in Westrumänien in der Ebene an der Grenze zu Serbien und Ungarn.) Das Herta Müller unter „massiven Repressionen" stand, kann durch folgende Fakten widerlegt werden. Sie bekam im Sommer 1983 einen Preis vom Zentralkomitee der Kommunistischen Jugend Rumäniens (CC al UTC - zu Rumänisch: Comitetul Central al Uniunii Tineretului Comunist), konnte das Schmutzwerk über die Banater Schwaben – die „Niederungen" – beim Rotbuch-Verlag in Westberlin 1984 veröffentlichen, worauf sie in der B.R.Deutschland auch einige Preise (initiiert von der linken 68er-Bewegung, mit welchen die „Aktionsgruppe Banat" auch Kontakte hatte) bekam, durfte danach mit dem Segen der Securitate den Westen mehrmals sowie auch der damalige Ehemann – Richard Wagner – bereisen, während sie gleichzeitig in Rumänien angeblich Publikationsverbot gehabt hätte (was eben nicht stimmt, siehe weiter unten). Das Werk „Niederungen" wäre in Rumänien 1982 zensiert worden, dabei war aber die Westdeutsche Version 1984 vom Rotbuch-Verlag um ganze vier Kapitel kürzer. Hat Herta Müller da etwas verwechselt, oder hat sie nicht mitbekommen, dass die Vertreter vom Rotbuch-Verlag bessere Kommunisten (die vier Kapitel ihres Buches weggelassen oder wegzensiert haben ohne dass sie etwas bemerkte) waren, als jene, die sie in Rumänien angeblich verfolgten.

[Die Liste der Veröffentlichungen Herta Müllers in der „Neuen Literatur" wird hier weggelassen.]

Sie können sich jetzt entscheiden, was Sie den in Bad K. versammelten Studenten und angehenden Doktoranden vorlesen/ vorlegen wollen. Stimmen Sie dem Lügenkomplex Herta Müller & Co zu, so werden Sie von den Organisatoren und der Presse hoch angesehen. Enthüllen Sie hingegen diese Lügen, dann waren Sie wahrscheinlich zum letzten Mal beim „Heiligenhof" eingeladen und müssen das Dasein von Orban fristen.

Mein Kommentar zur Veranstaltung an meine Landsleute
Hallo Landsleute,
zuerst möchte ich Euch etwas erklären, was mir ein Kollege aus Baden beigebracht hat. Es geht dabei um das „**Ga-Ga**". Banater Schwaben kennen ja alle die Gänsescharen, egal ob sie im Hof oder auf der Straße waren. Gelegentlich haben dabei die „Ganauser" ein lautes Gi-Gaa-Ga von sich gegeben und die Gänseschar hat geantwortet: Gi-Gaa-Ga. Das war eigentlich nichts anderes, als ein „**Auf-sich-aufmerksam-machen**". So ein „Ga-Ga" müssen einige Schriftsteller und ihre Verlage gelegentlich auch machen. Und diese Veranstaltung in Bad Kissingen ist auch so eine „Ga-Ga"-Veranstaltung! Herta Müller und C.D.Florescu oder sonstige „Schwabenfeinde" müssen mal wieder ein „Ga-Ga" ausstoßen, um auf sich Aufmerksam zu machen. Die Themen sind doch harmlos!

Aber sind diese beiden Themen denn wirklich so harmlos? Können Banater Schwaben stolz darauf sein, dass mal wieder ein „Ga-Ga" auf sie ausgestoßen werden soll? ICH SAGE NEIN!!! **Die Wahl dieser Themen ist eine Hinterlistigkeit übelster Sorte und könnte die Idee einer Securitate oder Stasi gewesen sein. Was soll denn so ein Thema „Kindheit und Jugend" in der Literatur „unserer beliebten" Schreiber bezwecken?**

Meine Analyse.
Das Romanwerk des Migrationsautors Cătălin Dorian Florescu (welcher mit PKW, Dachgepäckträger und Anhänger mit 15 **erneut** flüchten konnte) habe ich in seiner Gänze gelesen – aber nicht gedankenlos, hypnotisiert und abwesend, sondern mit Bleistift und Papier. Mein Fazit: sexistisch, vulgäre Schreibereien (Krixeleien hat man im Banat gesagt) über dreckige, stinkige, ständig besoffene Protagonisten. In seinem Erstlingsroman (Namen nenne ich jetzt nicht, ich will ja dafür keine Werbung machen, aber die Referenten in Bad K. müssen das dann tun, so dass die Studenten und Doktoranden wissen, was sie lesen bzw. kaufen sollen) gibt es einige Passagen, die seine Kindheit und Jugend gut beschreiben. Es wird aber auch viel „verstecktes" Lob auf den Kommunismus und den Obergenossen (Ceaușescu) – den er verehrt wie Vater und Mutter – gemacht. In seinem letzten Roman über die Banater Schwaben geht es aber dann schon „besser zur Sache". Die Banatschwäbische Hure bekommt ein Kind von einem Zigeuner auf dem Mist, die „ausgebildete" Hebamme wird ausgegrenzt und der Quacksalberei einer Zigeunerin

den Vorzug gegeben, der böse Vater mit deutschem Namen (Jakob) verrät seinen Sohn mit rumänischem Namen (Jacob) an die Russen, damit er deportiert wird. Ja und noch etwas. Über Nazis wird auch berichtet! „Gi-Gaa-Ga", die Nazis sind wieder da!

In welchem Werk beschreibt Herta Müller ihre Kindheit und Jugend? Da kann man doch gleich mit ihrem Nazi-Vater anfangen, der noch unter Kommunisten Landserlieder gesungen haben soll (das muss eine Fiktion sein, denn andere wurden dafür für Jahre hinter Gittern gesteckt) und eine Russin im Rübenfeld vergewaltigt, indem er ihr eine Rübe zwischen die Beine gesteckt hat. Geht das um Kindheit und Jugend? Nein! Aber die Studenten und Doktoranden werden es, ohne es zu wollen, lesen müssen. Des Weiteren bekommen sie ähnlich wie auch bei Florescu etwas über die „üblen" Eigenschaften und Gepflogenheiten der Banater Schwaben „im Herta-Müller-Jargon" mit. Und wieder geht es um das „Gi-Gaa-Ga", die Nazis sind wieder da!

Und weil Banater Schwaben heute KEINE NAZIS SIND, sollten sie sich dagegen wehren. Der Organisator (und wohl auch der Themenfinder) ist der „Heiligenhof" in Bad K. und die Beauftragte der Bundesregierung für Kultur und Medien: **Hier wird ein Werk mit Steuergeldern gefördert, in dem eine ehemalige Minderheit aus dem kommunistischen Rumänien von ehemaligen Privilegierten des menschenunwürdigen Regimes, verhöhnt und verspottet wird**. Es wäre Zeit auch mal die Banater Post anzuschreiben – die könnte auch mal „Farbe bekennen"!

Zusammenfassend: Dieses **Thema ist besonders „FIES" gewählt**. Das grenzt jetzt schon an ganz übler Hinterlistigkeit, für die es im Grundgesetz gar keinen Artikel gibt und ich finde auch kein Wort dafür, welches ich jetzt hier niederschreiben könnte. Dann sind **NUR Studenten und Doktoranden aus NAH und FERN** eingeladen - gerade mal NUR Studenten und Doktoranden? Warum? **Moderne Indoktrination**? Und dann auch noch: „**In fiktionalen und autobiografischen Texten**". (So passen sie beide hinein! Und die Leser werden Fiktion und Realität bei beiden „Lieblingsautoren" nicht voneinander unterscheiden können.)
So beende ich mein „Ga-Ga"! MfG

Vielen Dank für die Aufmerksamkeit.
Meine zwei Bücher dazu:
http://www.franz-balzer.de/verleumdung.htm
http://www.franz-balzer.de/der-extremist.htm

Sie bekommen dieses Schreiben nicht aus der Vergangenheit, sondern das ist heute die Realität im freien, demokratischen Deutschland.

Mit freundlichen Grüßen
Franz Balzer

PS. : Einige Teile wurden hier gekürzt.
Nur ein Professor der angeschriebenen
Referenten hat geantwortet. Vom Ministerium
für Kultur und Kunst kam aber keine Antwort.

Das „Treffil-Buch" – das Triebswetterer Familiensippenbuch,
in welchem alle Familien seit der Ansiedlung aufgeführt sind.
Aus diesem Buch hat Florescu Originalnamen abgeschrieben und
ihre Geschichten verdreht und durch den Dreck „geritten".

Ein Handbuch von äußerst großem literarischen Wert – aber für wen?...

Sehr geehrte Professoren-Doktoren,
Literaturforscher der Werke von Herta Müller,
Lichtgestalt der neuen, deutschen Literatur,

hiermit sende ich Ihnen meine Rezension, die ich bei Amazon zu dem „Herta-Müller-Handbuch" verfasst habe. Ich habe auch recherchiert und bin teilweise zu anderen Schlussfolgerungen als Sie gekommen. Um zu verstehen, was Herta Müller angetrieben hat, mit den „Niederungen" ihr literarisches Werk zu beginnen, um durchzublicken, welcher Lügen sie sich bedient hat, muss man Ceauşescus Kommunismus mehrere Jahre lang erlebt haben, wobei man gleichzeitig die Möglichkeit wahrnehmen muss, dass man heute alles in Deutschland durchsehen und nachprüfen kann (siehe Seite 145).

Ich bin nun mal ein Mensch, der die Wahrheit und Gerechtigkeit liebt, daher erhalten Sie dieses Schreiben, gerade weil ich in den letzten Tagen erfahren musste, dass (gerade ausländische) Studenten instrumentalisiert wurden, um Herta Müllers Lügen zu verbreiten. (Stuttgarter Zeitung, Robert Bosch Stiftung)

Viel Spaß beim Lesen der folgenden Zeilen.

Das Herta-Müller-Handbuch
Ein Handbuch von äußerst großem
literarischen Wert – aber für wen?...

Dieses Handbuch von einem außerordentlich großen literarischen Wert und insbesondere auch ein wichtiges Nachschlagewerk für die Literaturforschung – für Studenten und zukünftige angehende Doktoranden eine Pflichtlektüre – wurde von Norbert Otto Eke und einer Gruppe namhafter Literaturforscher verfasst. Mit dem Zitat aus dem Klappentext ist dabei alles gesagt: „Das Handbuch, das fortgeschrittenen Studierenden wissenschaftliche Zugänge zum jeweiligen Thema erschließen soll, zum anderen aber auch Spezialisten in der deutschsprachigen Forschungslandschaft als Anlaufstelle und Orientierung dienen kann." Ja ich sehe sogar eine Warnung an all jene, die sich nicht an die „Leitlinien" aus diesem Buch halten, dass bei einer eventuellen Gegendarstellung das „fortgeschrittene Studium" oder das mit diesem Thema verbundene Doktorat sich in „Luft auflösen" könnten.

Norbert Otto Eke ist für uns ein bekannter Literaturforscher, der von uns schon einmal einige Zeilen – Hinweise (an die Referenten der Tagung „Gegenwartsliteratur-Kloster-Bronnbach" – eine PDF-Datei) bezüglich des „Forschungsgegenstandes" erhalten hat – aber keine Zeit gefunden hat, um eine Antwort zu geben. Das ist vielleicht verständlich, wenn man bedenkt, dass die Literaturforschung in dieser Hinsicht total in die falsche Richtung geht – es werden eigentlich nur Steuergelder dafür verschwendet!

Warum ist dieses Handbuch sehr wertvoll für angehende Doktoranden und fortgeschrittene Studierende? Dieses Buch liegt voll und ganz auf dem „Sound der heutigen Generation" und verkörpert somit den gesellschaftlichen Wandel: „Lug, Betrug und Heuchelei". Besser als von Professoren-Doktoren der „neuen, deutschen Literatur", Vorreiter der Literaturforschung, kann man so ein Handbuch kaum zusammenstellen, um „glaubwürdige" Lügen zu verbreiten. Und alle, die sich gegen die Forschungsergebnisse stellen, werden missachtet und ausgegrenzt. Die Medien hängen den Professoren-Doktoren (die oft auch nur „gekauft" sind) an den Lippen, wie die Eintagsfliegen an den Straßenlaternen, daher wird man bei ihnen kaum eine Kritik zu Herta Müller finden. Es erstaunt mich auch immer wieder, wieso 40jährige etwas über die Vorkommnisse aus den osteuropäischen Diktaturen kennen? Die waren damals (1990+/-) als die kommunistischen Regimes untergingen gerade mal 12 (+/-)! Was haben sie davon mitbekommen? Bei den heutigen (und damaligen) PISA-geplagten Schülern? Offensichtlich „gar nichts"! Denn sonst würden sie die fiktionalen, literarischen „Geschichten" und realen Fakten, die von Herta Müller den Medien seit Jahren vorgelegt und vorgegaukelt (sowie verdreht) werden, durchschauen. Es gibt in den Medien eine Suite von Falschmeldungen („Sammlung HM-Presse-Medien-Falschmeldungen" – eine PDF-Datei), welche in diesem BUCH HIER wiederholt, ergänzt und fortgesetzt werden.

Zunächst einige Worte über „Niederungen", ein von den rumänischen Kommunisten 2-Fach preisgekröntes Werk, welches aber auch (gleichzeitig) 3-Fach in Deutschland ausgezeichnet wurde. Und das brachte ihre Landsleute – die Banater Schwaben – auf die Palme.

Banater Post, November 1984: „Eine Apotheose des Hässlichen und Abstoßenden. Anmerkungen zu Herta Müllers ‚Niederungen'. [...] Am 24.5.81 veröffentlichte der NBZ-Kulturbote eine Kurzgeschichte der Preisträgerin unter der Überschrift ‚Das schwäbische Bad', die übrigens auch in den Band ‚Niederungen' aufgenommen wurde [...] Ein Sturm der Entrüstung fegte nach der Veröffentlichung über das schwäbische Banat. Die zweifellos auch literarisch leidgeprüften Banater Schwaben begehrten auf, lehnten die Verunglimpfung entschieden ab [...] Der Dankrede H. Müllers ist zu entnehmen: ... Die ständige Angst vor dem Assimiliertwerden des ‚kleinen Häufchens', wie sich die Schwaben so gern bezeichnen, ist nichts als eine Rechtfertigung für ihren ETHNOZENTRISMUS. Der Kult, den sie aus den IMAGINÄREN WERTEN ORDNUNG, FLEISS und SAUBERKEIT, Werte, die ihnen und nur ihnen zugeschrieben werden dürfen, ist nichts als eine fadenscheinige Rechtfertigung für ihre Intoleranz." (Welches sind dann die reellen Werte unserer Gesellschaft heute, die solchem Nihilismus Preise vergibt: Lug, Betrug und Heuchelei?)

Und weiter über den Lektor des Rotbuch-Verlages (Berlin), in welchem 1984 die „Niederungen" veröffentlicht wurden: „Hätte nicht das ‚Kulturinstitut der BRD' (Goethe-Institut) in Bukarest Herrn Friedrich Christian DELIUS, der sich selbst als ‚freier MITARBEITER der KLASSENKÄMPFE' bekennt und als Schriftsteller Texte für Leute schreibt, ‚die bewusst oder weniger bewusst ein Interesse zur Veränderung im SINNE des SOZIALISMUS' haben (Delius über Delius in der NBZ vom 26.10.83).

Zusammenfassung: „Hauptthema von H. Müllers Erzählungen sind die Banater Schwaben und das schwäbische Dorf. Sie werden LITERARISCH DARGESTELLT beziehungsweise ENTSTELLT, sie werden literarisch GESTALTET beziehungsweise VERUNSTALTET. Dabei ist ihr jedes Mittel recht, kein Ausdrucksmittel zu vulgär. Sie verunglimpft ihre Landsleute, ihre Sippe, ihre nächsten Angehörigen. Sie schwelgt in der Darstellung des Hässlichen, des Abstoßenden, des Widerlichen und des Ekelerregenden – des Ekels schlechthin." Und ich ergänze jetzt. Wer so einem Werk Preise vergibt, hat einen ethnozentrischen, kulturellen, ekelerregenden, volksverhetzenden, rassistischen, geistigen Schaden.

Aus der Erzählung „Meine Familie". Zitat: „Mein Großvater hat den Hodenbruch. Mein Vater hat noch ein anderes Kind mit einer anderen Frau [...] die Leute sagen, dass ich [...] von einem anderen Mann bin [...] Die anderen Leute sagen, dass meine Mutter von einem anderen Mann ist und dass mein Onkel von einem anderen Mann ist, aber nicht von demselben anderen Mann, sondern von einem anderen [...] Mein Urgroßvater fuhr jahraus, jahrein jeden Samstag in eine kleine Stadt [...] Die Leute sagen, dass er sich in dieser kleinen Stadt mit einer anderen Frau abgab [...] sie konnte, [...] nicht anderes als eine Badhure sein... " (Um Inzucht geht es auch!)

Im gleichen Bericht geht es weiter mit: „Als Nebenthemen werden noch Tierquälerei, Kinderprügeln, Totenverachtung und anderes mehr behandelt. Immer wieder mit hässlichen, abstoßenden Details, rabulistisch beschrieben. Gelinde gesagt, Aneinanderreihungen von Geschmacklosigkeiten, die der Menschenachtung und Menschenwürde hohnsprechen und die die krankhafte Ablehnung, Verachtung und den Hass der Autorin gegenüber ihrer Familie und ihrem schwäbischen Volksstamm zum Ausdruck bringen." Sie behauptete in Interviews, dass diese Geschichten überall im Banat hätten übertragen werden können – das passt auf alle Banater Dörfer und alle Banater Schwaben!!! (Ist das nicht Verallgemeinerung? Oder Pauschalisierung? Aber bei Herta Müller nicht?)

Und der „Banat-Experte" C.F.Delius bringt es auf den Punkt: „Delius bewertet das Buch [...] als „EIN MITREISSENDES LITERARISCHES MEISTERSTÜCK [...] Die Wertungskriterien, nach denen Delius sein Urteil fällt, verrät er uns selbst. Er erkennt aufgrund der Lektüre von H. Müllers Buch, ‚das deutsche Dorf, es ist, mit einem Wort, die Hölle auf Erden'. Er hat das ‚grauenvolle Landleben der Banatschwaben' erfasst und schreibt dies nicht Ceaușescus Sozialismus, sondern einem Deutschtum zu, das allein auf den Sekundärtugenden Gehorsam, Ordnung, Sauberkeit, Fleiß, Frömmigkeit. . . auf Deutschdünkelei, deutscher Inzucht ... beruht.". (Und wo bleiben die Primärtugenden, Herr Delius?)

Und was macht die Banater Landsmannschaft heute? Steht voll und ganz hinter der Nobelpreisträgerin, trotz umstrittener Äußerungen, die mittlerweile gesteuert und wenn nicht ganz, dann doch teilzensiert werden. Hier arbeiten schließlich und endlich jene, die auch noch für die Kommunisten die Zensur, als ehemalige Kulturredakteure, die eng mit der Securitate zusammenarbeiten mussten, besorgten, und noch nicht vergessen haben, wie man es gemacht hat und wie man es heute machen muss. Wer kann und konnte schon Interesse daran gehabt haben, den bis dahin guten Ruf der Banater Schwaben durch den „Dreck" zu ziehen: Die rumänischen Kommunisten, an der Spitze die RKP (Rumänische Kommunistische Partei) mit dem Repressionsinstrument Securitate, Leute, welche die Banater Schwaben hassen, aus welchem Grunde auch immer, aber vor allem, weil sie die Freiheit suchten (und als Republikflüchtlinge vor dem Kommunismus geflohen sind), dazu gehören wohl hochintelligente Intellektuelle, die aber meist unter linksterroristischen Hohlköpfen zu suchen sind, die „Banater Aktionsgruppe", die laut Richard Wagner „nicht nur GUTE Kommunisten, sondern auch die GEBILDETEREN Marxisten (1982+/-) waren."

Was Herta Müller in ihren Werken über die Repressionsmethoden der Securitate schreibt, entspricht VOLL und GANZ den Tatsachen. Nur WER HAT diese Verhöre, Verfolgung, Inhaftierung, Enteignung usw. ERLEBT? Jene, die sie als die letzten Menschen auf Erden beschreibt und die heute in Deutschland kein Recht auf eigene Meinungsäußerung haben!

Sie – als PRIVILEGIERTE des Systems mit Westreisen und beliebigen Publikationen im „Neuen Weg", (wo Emmerich Reichrath DIE ANGEMESSENEN Rezensionen über „Niederungen" verfasst und veröffentlicht hat) der „Neuen Banater Zeitung" und „Neuen Literatur" – hat das ALLES NIE SELBST ERLEBT!!! **Sie hat sich nur als angebliche Dissidentin präsentiert!**

Ich könnte jetzt die Zitate aus dem Werk die „Securitate ist immer noch im Dienst" (wo sie sich als Dissidentin hochstilisiert), welches in der „Zeit" im Sommer 2009 – also im Vorfeld der Nobelpreisvergabe erschien, weiter beschreiben. Ich will nur zwei markante Zitate herausgreifen. Herta Müller beschreibt darin, wie sie von zwei Securisten „am Bahnhof Poiana Braşov in den Dreck" gestoßen wurde und denen gegenüber äußern konnte: „Ohne Haftbefehl gehe ich nicht mit". Einen Bahnhof Poiana Braşov gibt es aber nicht und die Securitate hat keinen Haftbefehl benötigt, um jemanden mitzunehmen. So etwas konnte sie eventuell Kumpels gegenüber äußern. Das war der BEGINN aller „Lügengeschichten" in den deutschen Medien, wobei Kommentare von Banater Schwaben gestrichen, nicht veröffentlicht, die so DISKRIMINIERT und AUSGEGRENZT wurden. (Oder gibt es für Banater Schwaben keine freie Meinungsäußerung, oder zählt nur die Meinung Herta Müllers, weil sie die „intellektuelle Sprecherin" der Banater Schwaben ist, welche allein nur die Meinung DER GUTEN verbreiten darf?)

Vor einigen Tagen wurde eine Politikerin heftig kritisiert, weil sie das Wort „Kopftuchmädchen" verwendet hat. Ich fasse hier zusammen, was Herta Müller über die Banater Schwaben nach dem Erscheinen IHRER „Niederungen" hier in Deutschland (übrigens zur Zeit des eisernen Vorhangs, als nur Privilegierte des Systems das kommunistische Rumänien verlassen durften, dazu gehört auch Herta Müller): Ethnozentrismus, Hodenbruch, Fremdgehen der ganzen Familie, Inzucht, der Kult imaginärer Werte, sie hätte das Werk voller Hass geschrieben, usw. Darüber „mockierte" sich niemand, ganz im Gegenteil, hochintelligente Intellektuelle geben dem Werk mehrere Preise und verbreiten ihren verlogenen Lebenslauf. (Ergänzend noch das „Spiegel-Interview": „SPIEGEL: Frau Müller, vor allem Ihr erstes Buch ‚Niederungen' zeigt, dass Sie nicht nur unter der staatlichen Repression, sondern vielleicht noch unmittelbarer unter der ENGSTIRNIGEN, BESCHRÄNKTEN, oft REAKTIONÄREN Mentalität der DEUTSCHEN MINDERHEIT gelitten haben. Waren Sie in einem doppelten Sinn heimatlos?" MÜLLER: **„Ja, genau diese MUFFIGE SPIEßIGE Provinzialität hat mir DEN HASS eingegeben, mit dem ich die „Niederungen" schreiben konnte.**")

Nun will ich nur einige wenige Punkte aus ihrem Lebenslauf, die hier in diesem Buch „Herta-Müller-Handbuch" falsch dargestellt wurden; kommentieren.

Text: Entlassung bei der Technometal wegen der Verweigerung der Zusammenarbeit mit der Securitate. Kommentar: Sie hat „Niederungen" während der Arbeitszeit bei Technometal geschrieben und wurde wahrscheinlich deswegen entlassen. Sie wurde auch aus dem Schuldienst entlassen – und zwar nicht wegen der Weigerung der Mitarbeit mit der Securitate, sondern weil sie während des Unterrichts in der Klasse vor den Schülern geraucht hat.

Text: Fortgesetzte Schikanen und Einschüchterungen und erste Reisen in den Westen. Kommentar: Trotz Weigerung und Schikanen durch den Geheimdienst durfte sie in den Westen? Das ist ein ganz großer Widerspruch! In den Westen durften nur Privilegierte – also (informelle) Mitarbeiter des Geheimdienstes.

Text: Auf die stark „zensierten" „Niederungen" hat sie 4 Jahre warten müssen, die auch zwei Jahre später nicht zensiert im Rotbuch-Verlag erschienen. Kommentar: In der „Neuen Literatur" (der Zeitschrift des Rumänischen Schriftstellerverbandes in deutscher Sprache 1979-1989) erschienen Textteile aus „Niederungen" bereits 1979 und die folgenden vier Jahre und in der Version des Rotbuch-Verlages fehlten ganze vier Kapitel. Wo wurde nun zensiert? (Wollte der Redakteur des Rotbuch-Verlages nicht einen noch besseren Kommunismus aufbauen, als man den in Rumänien je hätte errichten können?)

Text: Nach ihrem Ausreiseantrag – Oktober 1985 – hatte sie Publikationsverbot in Rumänien. Kommentar: Das ist HIER das ERSTE MAL, das diese Aussage stimmt, denn ab da war sie keine Privilegierte mehr. In allen weiteren Kommentaren hatte sie Publikationsverbot seit dem Erscheinen der „Niederungen" (1982). In der „Neuen Literatur" erschienen regelmäßig Werke von Herta Müller – sogar noch im August 1985 belegte sie und Richard Wagner 30% der gesamten Auflage und dabei wurde sie sogar auf der Seite veröffentlicht, wo der große Conducător veröffentlicht wurde.

Text: Am 27. Februar 1987 verlassen Herta Müller und Richard Wagner Rumänien. Kommentar: Sie verließen also Rumänien und „gingen nicht ins Exil", denn sie wurden genau so, wie die von ihr bis aufs Äußerste verunglimpften Banater Schwaben, von der deutschen Regierung freigekauft. **Das Märchen mit dem „Exil" wegen ihrer „Literatur" ist also FALSCH!!!** Und ab diesem Zeitpunkt erschienen erst Werke, die den „bösen Diktator" (welchen sich offensichtlich viele hier gewünscht hätten) und die Securitate zum Thema hatten. Aber in der Novemberausgabe 1989/Seite 16 (mehr als zwei Jahre nach ihrer Ausreise) erschien noch einmal (oder schon wieder) ein Text – ein Loblied – von Herta Müller über die Ceauşescus mit dem Titel „Unser großes Haus".

Herta Müller war in Rumänien nie eingesperrt, nie verfolgt (Verfolgte saßen immer im Gefängnis und durften keine Westreisen machen), hatte (mit Ausnahme 1986) nie Publikationsverbot und musste nicht wegen ihrer Literatur ins „Exil". In einigen Werken nach 2009 („Cristina und ihre Attrappe", „Mein Vaterland war ein Apfelkern", usw.) werden immer wieder die Lügen, die im Vorfeld der Nobelpreisvergabe in der „Zeit" erschienen sind, wiederholt, so, als ob eine Lüge die nur oft genug wiederholt wird, zur Wahrheit werden könnte. Bei dem „Zeit"-Artikel (2009) erschienen auch Kommentare von anderen Banater Schwaben, die dort den Satz „Verleumdung gehört zum Brauchtum der Banater Schwaben" lesen durften aber auch Kommentarverbot bekamen, weil sie NICHT DAS kommentierten, was der Zeitredakteur für die „Wahrheit" hielt. „Wer die Wahrheit geigt, dem schlägt man oft die Fidel auf den Kopf." (Jean Paul) Und daher werden sich die forschenden Literaturgurus immer nur so verhalten, dass sie KEINE FIDEL auf den Kopf bekommen.

Ein Zitat aus dem hochdotierten literarischen Werk „Unser großes Haus" („Neue Literatur", November 1989!!!) – typisch Herta Müller. Zitat: „Die Putzfrau schüttelt den Staublappen durchs Fenster. Die Akazie ist gelb. Der alte Mann kehrt wie jeden Morgen den Gehsteig vor seinem Haus. Die Akazie bläst ihre Blätter in den Wind. Die Kinder haben ihre Falkenuniformen an. Gelbe Blusen und dunkelblaue Hosen und Faltenrocke. ‚Heute ist Mittwoch', denkt Amalie. ‚Heute ist Falkentag.' Die Bausteine klappern. Die Kräne summen. Indianer marschieren in Kolonnen vor den kleinen Händen. Udo baut eine Fabrik. Die Puppen trinken Milch aus den Fingern der Mädchen." Würde man diesen Text mit der Sprache in „Atemschaukel" vergleichen, würde man sehr schnell feststellen, dass die „Atemschaukel" von jemand anderem – von Oskar Pastior – geschrieben wurde (siehe Seite 299, wo das auch zugegeben wird). Daher kommen darin auch nur Siebenbürger Sachsen vor. Und wenn dann doch einmal Banater Schwaben erwähnt werden, dann sind es geistig Behinderte: Die Planton-Kati – die verrückte – aus dem Banat.

MASSON-ROSENOW - LITERARISCHES-DUETT / Über den sich ausbreitenden Agrammatismus / Zitate. „Hätten Sie und andere Experten für Literatur nicht so lange tatenlos zugesehen, wie wortgewordener Bockmist hier schon jahrelang als Feingebäck verkauft wird, so müssten wir Lieschen Müller hier und heute nicht als Lichtgestalt ertragen, als die sie in der Literaturszene nun schon länger herumgereicht wird. Ein Wort von Ihnen, zur rechten Zeit ausgesprochen, hätte den Siegeszug dieser agrammatischen Sprachakrobatin[7] stoppen können. Dieses Wort jedoch ist meines Wissens niemals gefallen." Und über „Niederungen": „Die habe auch ich gelesen. Sie meinen doch sicher jene frühen Texte, die sozusagen aus der Dackelperspektive geschrieben sind, aus der Sicht des kleinen Mädchens, das sich am Knie des Vaters festhält. Da hatte man in der Tat den Eindruck, hier würde quasi auf Millimeterpapier in nicht ungeglückter Weise etwas eindrücklich Erfahrenes geschildert. Die Katastrophe begann erst, als Lieschen Müller sich anschickte, das Schreibmuster dieser frühen Versuche auf die Erwachsenensphäre zu übertragen."

Noch ein Satz, den Professor-Doktor Norbert Otto Eke schon einmal zu lesen bekam (aber wahrscheinlich hatte er keine Zeit es zu lesen, weil er gerade mit der Forschung beschäftigt war, oder er hat es wegen seines Hochmuts und Verachtung den Banater Schwaben gegenüber, nicht beachtet): „Das Menschenbild und die Identität, die Lebensweise, die Sitten und Bräuche der Banater Schwaben verzerrt und falsch darzustellen, sehe ich nicht als Fiktion oder Künstlerfreiheit, sondern als Volksverhetzung an! Und das sollten Professoren-Doktoren, sowie Literaturkritiker und -Forscher auch so tun, falls sie nicht in die falsche Richtung forschen und nur Steuergelder verprassen.

Vielen Dank für die Aufmerksamkeit.
Entschuldigen Sie, dass es so viel geworden ist –
das ist aber noch lange nicht alles.

Vielen Dank.
MfG. Franz Balzer

---

[7] „agrammatische Sprachakrobatin"? Dazu verwendet die Uni Jena das Wort „Sprachmagierin".

=> 71 <=

Donauschwabenufer in Ulm an der Donau

Donauschwabendenkmal
und Gendenktafeln

Stuttgarter Gespräch - 2018

Highlights aus dem Schreiben an die Organisatoren: Stuttgarter Zeitung und Robert-Bosch-Stiftung

Was hat den <u>Banater Schwaben in „Niederungen"</u> nicht gefallen? War es nur die Geschichte mit dem „Schwäbischen Bad"? Und der Rest der Erniedrigungen? Z.B. wird deren Lebensweise an einem wohl einzigartigen Beispiel im Banat – einer Familie (vielleicht hat sie aber so ihre eigene Familie erlebt und das verallgemeinert) die so nie im Banat anzutreffen war – derart übertrieben, dass eigentlich alle Deutschen Ämter, Verbände und Institutionen auf die <u>Banater Schwaben</u> – während der Freikaufphase 1969 bis 1989 – als ‚<u>gefährliche Übeltäter</u>' hätten aufmerksam werden müssen: das Jugendamt wegen Einprügeln auf Kinder, Frauenorganisationen wegen Diskriminierung und Erniedrigung der Frauen, Tierschutzorganisationen wegen Tierquälerei (z.B. den Hund mit dem Fuß getreten, bis er verendete, dem Kalb das Bein gebrochen, damit es notgeschlachtet werden konnte), der Drogenfahndung (weil ‚vermummte' Großmütter Mohnkuchen backten und auserwählte Banater Krähenmist als Droge nutzen), Polizei wegen gewalttätiger und besoffener Männer und Korruption, usw. Ganz zu schweigen von Fremdgehen, Inzucht und Dergleichen – einen Umstand, den man eher heute findet, damals aber für die katholischen Gläubigen Tabu war.

Woran kann man hier erkennen, dass hier explizit „Nazis" beschrieben wurden? Alle Banater Schwaben, welche diese Beschreibungen kritisierten, wurden von Herta Müller als „Nazis" verunglimpft.

Es ist beschämend, dass man in der deutschen Öffentlichkeit heute nicht mehr weiß, was in der Zeit des „eisernen Vorhangs" in den osteuropäischen Ländern los war. Daher ist es auch nicht verwunderlich, dass zwei Schriftsteller daherkommen und die deutschen Medien seit (etwa) 30 Jahren belügen können. Sie „beackern" sozusagen „dasselbe Thema", laut einer Aussage von C.D. Florescu in einer rumäniendeutschen Publikation (ADZ): **„Die Verunglimpfung und Diskriminierung – ja sogar übelste rassistische Volksverhetzung – einer ehemaligen unterdrückten deutschen Minderheit aus dem kommunistischen Rumänien".** Und die deutschen Medien stehen daneben, applaudieren und vergeben Preise und übersetzen den „preisgekrönten Schund" sogar in Fremdsprachen (siehe Bosch-Stiftung und Literarisches Kolloquium Berlin bei C.D.Florescu).

Seit Sommer 2009 – also im Vorfeld der Nobelpreisvergabe – gibt es in deutschen Medien nur noch Lügen über Herta Müller. Ob sie sie selbst verbreitet, oder ob das die Medien aus Unwissenheit tun, kann ich nicht feststellen. Ich kann nur die Falschmeldungen herausfiltern, weil ich auch im Banat geboren wurde, die Tatsachen dort erlebt habe, aber sie nicht mit einer roten Brille – wie Herta Müller – gesehen habe. Und deren gibt es eine ganze Menge. Man könnte mehrere Bücher damit füllen – was Carl Gibson, ein ehemaliger politisch Inhaftierter der Ceaușescu-Diktatur – auch schon gemacht hat. **Aber ein Verfolgter der Ceaușescu-Diktatur darf im**

heutigen Deutschland seine Meinung nicht mehr äußern, denn er widerspricht dem Geist des modernen Qualitätsjournalismus, er entlarvt die verbohrten Ziele der „linksterroristischen Geister" im Lande, daher muss er mundtot gemacht werden. Von Medien und Professoren-Doktoren, die auch nicht besser sind und gebetsmühlenartig alles, was in den Medien steht, wiederholen, ist auch nicht mehr zu erwarten. Mir hat ein Doktorand eröffnet, dass man ihn gewarnt hat, bloß nichts Negatives über Herta Müller zu schreiben, denn sonst ist sein Doktortitel „ade"!

Mein Thema/MOTTO: „Wird die Lüge, die oft genug wiederholt wird, zur Wahrheit?"
Das kann nicht jeder verstehen, der in Deutschland aufgewachsen ist, und nie das „Glück" hatte, eine kommunistischen Diktatur wie jene in Rumänien oder in der ehemaligen DDR zu erleben. [...]

Wer auch immer die Infos verbreitet, seit 1984 gibt es eine Leuchtspur von Lügen, die in den Medien in Deutschland verbreitet werden. Manchmal ist die Phantasie der „Produzenten" grenzenlos. Ich finde allerdings, dass das Buch von Herta Müller **„Mein Vaterland war ein Apfelkern" die Spitze dieser Lügengeschichten** darstellt. Wie es um diese Lügengeschichten bestellt ist, finden Sie in meinen kommentierten Veröffentlichungen weiter unten [...]

Zitate: „Hätten Sie und andere **Experten für Literatur** nicht so lange tatenlos zugesehen, wie **wortgewordener Bockmist hier schon jahrelang als Feingebäck verkauft wird,** so müssten wir Lieschen Müller hier und heute nicht als Lichtgestalt ertragen, als die sie in der Literaturszene nun schon länger herumgereicht wird." [...]
Und über „Niederungen": „Die habe auch ich gelesen. Sie meinen doch sicher jene frühen Texte, die sozusagen aus der Dackelperspektive geschrieben sind, aus der Sicht des kleinen Mädchens, das sich am Knie des Vaters festhält. Da hatte man in der Tat den Eindruck, hier würde quasi auf Millimeterpapier in nicht ungeglückter Weise etwas eindrücklich Erfahrenes geschildert. Die Katastrophe begann erst, als Lieschen Müller sich anschickte, das Schreibmuster dieser frühen Versuche auf die Erwachsenensphäre zu übertragen."

betr. Herta Müller kommt zum Stuttgarter Gespräch
Was macht das Autoritäre so faszinierend? Die Faszination des Autoritären.
Wie genau steht die Literatur zur Wirklichkeit, zur Zeit?
Man kann sich sicher sein, dass Herta Müller das klare Wort nicht scheuen wird.
Besucher der Veranstaltung werden ausreichend Gelegenheit haben, die Literatur-Nobelpreisträgerin nach ihrer Haltung zu Dichtung und Politik zu befragen.

(Unsere Frage: Wie hält sie es mit „Dichtung und Wahrheit"?)
Unsere Probleme mit: Müller war in ihrer Jugend gleich mehr-fach ausgesetzt:
-als Teil der deutschsprechenden Banater Schwaben,
-als Widerständige im Sozialismus,
-als kritische Stimme in der eigenen kulturellen Volksgruppe.
(Wieso Volksgruppe?)

Mein Schreiben an den Chefredakteur – Joachim Dorfs – der Stuttgarter Zeitung und an Frau Dr. Maja Sibylle Pflüger, Stellver-tretende Bereichsleiterin, Völkerverständigung Europa und seine Nachbarn bei der Robert-Bosch-Stiftung

Sehr geehrte Frau Maja Pflüger,
Sehr geehrter Herr Joachim Dorfs,

zusammen mit einigen Landsleuten verfolge ich seit mehreren Jah-ren die Umtriebe der freien deutschen Medien im Zusammenhang mit den beiden aus dem (rumänischen) Banat stammenden Schrift-stellern Herta (warum nicht Hertha) Müller und Cătălin Dorian Flores-cu, welche beide gleichermaßen von der Robert-Bosch-Stiftung schon mit Preisen „belegt" wurden. Die Robert-Bosch-Stiftung wurde diesbezüglich schon einmal von mir angeschrieben, da hat sich aber keiner eingefunden, der bereit war, eine Antwort zu geben. Wahr-scheinleich aus Unwissenheit zum behandelten Thema.

Es ist beschämend, dass man in der deutschen Öffentlichkeit heute nicht mehr weiß, was in der Zeit des „eisernen Vorhangs" in den ost-europäischen Ländern los war. Daher ist es auch nicht verwunderlich, dass zwei Schriftsteller daherkommen und die deutschen Medien seit (etwa) 30 Jahren belügen können. Sie „beackern" sozusagen „dasselbe Thema", laut einer Aussage von C.D. Florescu in einer rumäniendeutschen Publikation (ADZ[8]): **„Die Verunglimpfung und Diskriminierung – ja sogar übelste rassistische Volksverhetzung – einer ehemaligen unterdrückten deutschen Minderheit aus dem kommunistischen Rumänien".** Und die deutschen Medien stehen daneben, applaudieren und vergeben Preise und übersetzen den „preisgekrönten Schund" sogar in Fremdsprachen (siehe Bosch-Stiftung und Literarisches Kolloquium Berlin bei C.D. Florescu).

Zuerst möchte ich etwas weiter ausholen. In den 30er und 40er Jahren waren die Nazis an der Macht. Gab es da freie Medien? Gab es da Meinungsfreiheit? Was aus den „Umtrieben" der „Volksindoktrination" geworden ist, müssten heute alle wissen. (Leider ist dem nicht so, denn es laufen noch immer – auch 70 Jahre danach – irgendwelche Hohlköpfe herum, die nicht wissen, was los war und versuchen ihre „rechtsterroristischen Ideen" zu verbreiten.) Am Ende war eine Rechtsdiktatur verantwortlich für mehr als 50 Millionen Tote. Bei den rechten Gesinnungsgenossen ist es aber nicht geblieben, denn nach dem Zweiten Weltkrieg kamen überall in Osteuropa kommunistische Diktaturen auf, die diesmal die „linksterroristische Doktrin" mit aller Gewalt verbreiteten und dafür sorgten, dass noch einmal (insgesamt) etwa 90 Millionen Tote zu beklagen waren. (Die Millionen Flüchtlinge, die jedes Mal dort, wo eine kommunistische Diktatur „exportiert" wurde, aufkamen, nicht mitgezählt.) Müssen wir uns heute fragen, welches war die bessere Doktrin? Wollen wir wieder so etwas in Deutschland? In Europa? Oder sonst in der Welt? In Deutschland hat man aber offensichtlich (auch) schon wieder vergessen, dass der Kommunismus seit mehr als 30 Jahren (zumindest) aus Europa verschwunden ist und es gibt keinen Anlass die Kozi-Fans (Kozis als Gegenteil zu Nazis) – darunter Tschekisten, Maoisten, Marxisten, Leninisten und dergleichen – wieder hochleben zu lassen.

Wer sind die Banater Schwaben? Sind es Schwaben, wie jene in Württemberg? Sind es Rumänen? (Keineswegs – sie Rumänen zu nennen, stellt für sie die übelste Beleidigung dar!) Oder Zigeuner?

---

[8] ADZ = Allgemeine Deutsche Zeitung Rumäniens

Eine Kurzgeschichte – die man leider in Deutschland nicht kennt (auch in den Lehrerfortbildungsanstalten oder Universitäten nicht), denn sonst müsste ich Ihnen diesen Brief nicht schreiben. Die Osmanen standen 1683 vor Wien. Eine Allianz aus Österreichern, Polen, Ungarn und anderen (z.B. Prinz Eugen von Savoyen) haben sie wieder zurückgedrängt. 1712 waren die Osmanen aus West- und Mitteleuropa verschwunden, sie besetzten bis 1878 noch die rumänischen Länder (Moldau und Walachei) und etwas länger noch Bulgarien. Nach 1712 begann die österreichische Monarchie das nach den Kriegen doch sehr dünn besiedelte Gebiet entlang der Donau – dort wo sie nach Süden fließt – wieder zu besiedeln, wobei sie Handwerker und Bauern aus den deutschen Gebieten (quasi als Schutzschild) den Umzug erleichterte. Weil die Meisten sich in Ulm einschifften wurden diese später „Donauschwaben" und ein Teil davon „Banater Schwaben" genannt. Die Vorfahren der Banater Schwaben sind also: Elsässer, Lothringer, Luxemburger, Pfälzer, Badener, Württemberger, Bayern, usw. (Hier kann man noch den Fall der „Salpeterer" anführen, die von der österreichischen Monarchie als „Verbrecher" angesehen wurden, die auch in diese Regionen nach Südungarn verbannt wurden. So kann man das Gerücht, dass die Umsiedler Verbrecher – was in der Literatur missbraucht wurde – gewesen wären, widerlegen). Einige Banater Schwaben kamen also auch aus dem Schwarzwald ins Banat – und die haben es in Herta Müllers „Niederungen" schon 1982 angetan. Das müssen wohl schon damals – im 18.Jhd. – „Nazis" gewesen sein! In der Banater Ebene entstanden damals blühende Dörfer, die in der Hauptsache von „Deutschen" – oder das, was aus der Verschmelzung der Ansiedler geworden ist – bewohnt wurden, so dass man noch 1945 diese fast intakten Strukturen, die es zu zerstören galt, vorgefunden hat. Für Herta Müller waren diese Bewohner Nazis und „Ethnozentriker"! Und für C.D.Florescu waren es Mörder, Brandstifter, Zigeunerjäger, Zigeunerhenker, Frontenwechsler, Vergewaltiger, Geiselnehmer. (Sind das Beschreibungen von Nazis?) **Hat er etwas vergessen? Haben die Bosch-Stiftung und das Literarische Kolloquium Berlin das nicht bemerkt? Haben sie das nicht gelesen? Wie konnte man das unbemerkt in etliche Sprachen übersetzen?**

Nach dem Ersten Weltkrieg wurden die Banater Dörfer an Jugoslawien, Ungarn und der größte Teil an Rumänien (das 1916 auf der richtigen Seite der Sieger in den Krieg eingetreten war) verteilt.

Ungarn verlor mehr als die Hälfte seines Gebietes. Die (rumänischen) Banater Dörfer wurden nach und nach von rumänischen Kolonisten belagert. Das kam den Dorfbewohnern nicht gut und als Hitler mit dem Antonescu-Rumänien noch einen Packt schloss, waren (fast) alle begeistert. Viele machten mit, weil sie Angst haben mussten, dass man ihnen die Scheiben einschlagen oder viel mehr antun würde. Man kann heute mit an 100% angrenzender Wahrscheinlichkeit sagen, dass kein einziger Banater Schwabe Hitler gewählt hat. Alle waren nur Mitläufer! Dass Herta Müllers Vater ein „besonderer" Nazi war und dass es solche noch mehr gab, will ich nicht bestreiten, aber dass sie daherkommen kann und nach dem Krieg ALLE Banater Schwaben und ihre Nachkommen – also allgemein und kollektiv, genau so wie die rumänischen Kommunisten – zu Nazis und Ethnozentrikern machen kann, ist eine bodenlose Gemeinheit und Unverschämtheit, zumal sie ja das genau unter der „Sorte" Menschen im Westen verbreitet hat, die ich vorher „linksterroristische Verbrecherorganisation" genannt habe. Warum hier die Konrad-Adenauer- und Robert-Bosch-Stiftung nicht draufgekommen sind, ist mir ein Rätsel. **Herta Müller hat für „Niederungen" zwei Preise (1982/1983) von den rumänischen Kommunisten für kommunistische Ethik und drei Preise von Westdeutschen Organisationen (ab 1984) erhalten.** Gleichzeitig begann sie die deutsche Öffentlichkeit regelmäßig zu belügen. Offensichtlich ist das für „unsere moderne" Gesellschaft kein Vergehen mehr – das ist Normalität – und wer die Wahrheit verlangt, der ist ein Nazi! Und schon zählt nur noch Dichtung...

Seit Sommer 2009 – also im Vorfeld der Nobelpreisvergabe – gibt es in deutschen Medien nur noch Lügen über Herta Müller. Ob sie sie selbst verbreitet, oder ob das die Medien aus Unwissenheit tun, kann ich nicht feststellen. Ich kann nur die Falschmeldungen herausfiltern, weil ich auch im Banat geboren wurde, die Tatsachen dort erlebt habe, aber sie nicht mit einer roten Brille – wie Herta Müller – gesehen habe. Und deren gibt es eine ganze Menge. Man könnte mehrere Bücher damit füllen – was Carl Gibson, ein ehemaliger Inhaftierter der Ceauşescu-Diktatur – auch schon gemacht hat. **Aber ein Verfolgter der Ceauşescu-Diktatur darf im heutigen Deutschland seine Meinung nicht mehr äußern, denn er widerspricht dem Geist des modernen Qualitätsjournalismus**, er entlarvt die verbohrten Ziele der „linksterroristischen Geister" im Lande, daher muss er mundtot gemacht werden. Von Medien und Professoren-Doktoren, die auch nicht besser sind und gebetsmühlenartig alles, was in den Medien steht, wiederholen, ist auch nicht mehr zu erwarten. Mir hat ein Doktorand eröffnet, dass man ihn gewarnt hat, bloß nichts Negatives über Herta Müller zu schreiben, denn sonst ist sein Doktortitel „ade"!

Wie genau steht die Literatur zur Wirklichkeit, zur Zeit?
(Unsere Frage: Wie hält sie es mit „Dichtung und Wahrheit"?)
Unsere Probleme mit: Müller war in ihrer Jugend gleich mehrfach ausgesetzt:
-als Teil der deutschsprechenden Banater Schwaben,
(Banater Schwaben JA, Herta Müller NEIN)
-als Widerständige im Sozialismus, (FALSCH!)
-als kritische Stimme in der eigenen kulturellen Volksgruppe.
(VOLKSVERHETZUNG!)

Ich habe zum Unterschied von Herta Müller auch „etwas" Naturwissenschaftliches studiert. Beinahe zur gleichen Zeit, habe dasselbe Gymnasium wie Herta Müller besucht, auch dieselbe Universität, aber eine andere Fakultät – und das fünf Jahre lang (ohne zu wiederholen, oder das Studienfach zu wechseln, das konnte ich meinen Eltern, die alles finanziert haben – diese fleißigen „Nazis" – nicht antun! Anmerkung für Herta Müller und die 68er!) Wir haben in deutscher und rumänischer Literatur auch über die „Sozialistische Umgestaltung der Landwirtschaft" gelernt, und dass die **Literatur die „Wirklichkeit" widerspiegeln soll**(te), jedoch habe ich bald bemerkt, dass es da einen großen Widerspruch gibt, und dass der Kommunismus nur eine Doktrin ist, von welcher wir abhängig gemacht werden sollten. Die Wahrheit war eigentlich die, dass wir dem „Lehrer" über die „Sozialistische Umgestaltung der Landwirtschaft" berichten sollten, während gleichzeitig unsere Eltern und Großeltern von den kommunistischen Machthabern enteignet wurden. Hat jemand jemals Enteignung hier erlebt? (Haus, Hof, Feld und Garten – alles gehörte von einem auf den anderen Tag den „unglücklichen, von uns ausgebeuteten" Kommunisten, die das, was noch funktionsfähig war, auch noch kaputtgemacht haben – aber das darf man ja heute nicht mehr sagen, denn sonst beleidigt man die „linksterroristischen Hohlgeister" im Lande? Oder?...) Herta Müller hat Literatur studiert und ist daher schon der kommunistischen Doktrin verfallen, ob es ihr bewusst war oder nicht. Auf jeden Fall hat sie 1982 in „Niederungen" der rumänischen kommunistischen Partei direkt in die Hände gespielt und genau das behauptet, was diese Partei auch über ihre Landsleute, den Banater Schwaben, die alle kollektiv als Nazis gehalten wurden, behauptet. Hat sie das eigentlich nicht gewusst? Wie weit liegen bei ihr Dichtung und Wahrheit auseinander? Warum waren ALLE Banater Schwaben im Lande des „glücklichen Kommunismus" eingesperrt, nur sie durfte mehrere Male das „westliche" Ausland besuchen, um ihr „Schundwerk" – die Diskriminierung und Volksverhetzung ihrer Landsleute in fiktionaler Manie – literarisch bekannt zu machen. Seither gelten ALLE Banater Schwaben als Nazis und Ethnozentriker!

Nachdem Herta Müller in der „Zeit" im Sommer des Jahres 2009 den Bericht „Die Securitate ist immer noch im Dienst" veröffentlicht hat, gibt es regelmäßig Falschberichte in den deutschen Medien und daraus ergeben sich eine Menge Fragen, die von ihr noch nicht beantwortet wurden.

FRAGEN AN HERTA MÜLLER

Carl Gibsons bis heute unbeantwortete Fragen dazu: Wie kam es, dass die Rumänen Ihnen die „Akte" bei der CNSAS diesmal aushändigten, obwohl Ihnen das jahrelang verweigert wurde?
Woher wissen Sie, dass die zweite Akte, die Sie als Kollaborateur der Securitate ausweist, ein Machwerk der alten Securitate ist, eine Fabrikation zur Desinformation, zur Diversion?
Wer sagte Ihnen das? Und wer lieferte den Beweis der „Fälschung"?
Was, außer Ihrem subjektiven Aussagen dazu, können wir im Westen überprüfen?
Seit wann werden Sie mit den Auswirkungen der „Attrappe" hier im Westen konfrontiert?
Kann es sein, dass der BND als erster darauf reinfiel – und Sie und Ihren ehemaligen Gatten Richard Wagner deshalb 5 Tage lang befragte – gegen die Regel?
Oder war Richard Wagner verdächtig, weil er wie Sie auch – ein privilegierter Westreisender war (noch 1985, als das Land am Boden lag!) – und langjähriges Mitglied der RKP (1972-1985?)?
Und was ist mit „Cristina", die angeblich ein „Staatsfeind" gewesen sein soll?
Waren Sie ein „Staatsfeind", Frau Herta Müller? Wirklich?
Was haben Sie überhaupt mit „Dissidenz" zu tun?
Zur Dissidentin wurden Sie und Richard Wagner nach 1987 hier in der BRD vom „SPIEGEL" gemacht, inszeniert!

Im Rumänien Ceaușescus saßen sie im Schoß der einzigen Partei im Land und ließen sich fördern, ihr Büchlein drucken und prämieren, während die eigentlichen Dissidenten in den Gefängnissen saßen oder schon umgebracht worden waren.
Als ich 1981 Ceaușescu verklagte und der Terrorist Carlos beim Radiosender RFE seine 1.000.000-Dollar-Bombe hochgehen ließ, hetzten sie gegen unsere Landsleute im Banat in dem Pamphlet „Niederungen" (kurz vor der Edition), während ich (der Kronzeuge der Klage gegen Ceaușescu) die wahren Morddrohungen erhielt.
Dann kamen Sie in den Westen und berichteten zusammen mit Richard Wagner im „Spiegel-Gespräch frech und ungeniert, in Rumänien hätte es keine Opposition gegeben." Sie verleugneten uns damit, die Dissidenten aus der Zelle – und die Opfer des totalitären Systems, gegen das Sie – von Anfang an! – geschrieben haben wollen. Wo waren Sie, als der Menschenrechtskampf nach der KSZE-Konferenz tobte?
Wo waren Sie, genau vor 30 Jahren als in Temeschburg die Regionalorganisation der SLOMR (Freie Gewerkschaft rumänischer Arbeiter) fast zwei Jahre vor Solidarnosc gegründet wurde?
Wir wurden verhaftet, verurteilt, ins Gefängnis geworfen! (Dokumentation im Internet – auch die UNO-Klage) Wo waren Sie damals?
Im Jahr 2006 fragte ich Sie, wann ihre angebliche Opposition begonnen hat. Weshalb verschweigen sie uns das Datum?

Alle wirklichen Dissidenten während der Ceaușescu-Diktatur wurden verfolgt, verhaftet, verurteilt? Was haben Sie oder Richard Wagner Regimekritisches getan und wann?

Und weshalb wurden sie nicht echt verfolgt?
1979 wurden per Dekret 153 in wenigen Tagen 50.000 Menschen, so genannte „Parasiten" verhaftet und in Gefängnisse geworfen. Weshalb waren Sie nicht dabei?
Wo arbeiteten Sie damals – und wie lange?
Weshalb kann niemand Ihre angebliche Opposition bestätigen?
Mein engster Streitgefährte bei SLOMR wagt seit 30 Jahren keine Rückkehr nach Rumänien, ich auch nicht, weil Rechtsunsicherheit besteht – Sie waren oft nach der Revolution in Rumänien!
Wie kommt das, wo Sie doch gerade vor einem Jahr noch dort verfolgt wurden?

Hatten Sie keine Bedenken, die KAS dorthin zu begleiten und dort zu lesen, wo doch die alte Securitate angeblich hinter Ihnen und Richard Wagner her ist?
Immer noch?
Kein Opfer kehrt freiwillig an seine Folterstätte zurück – Sie aber doch?
Früher reisten Sie mit der Gnade der Kommunistischen Partei in den Westen, während Ihre Landsleute an der grünen Grenze totgeschlagen wurden.
Jetzt reisen Sie mit Vergnügen nach Rumänien, um dort über Ihre Verfolgung zu lesen und zu berichten?
Wer hat Sie wann verfolgt?
Wer hat Sie verhört?
Wann und wie lange?
Und was wollte der BND (oder war es der Bundes-Verfassungsschutz?) in fünftägiger Befragung von Ihnen wissen?

Veröffentlichungen aus der Zeit, als Herta Müller und ihr zweiter Ex (angeblich) verfolgt wurden.

Herta Müller in der Neuen Literatur (NL) 1980-1987/1989
(Widerlegt wird hiermit ihre Aussage, dass sie 1982 vier Jahre lang auf die Veröffentlichung der „Niederungen" hatte warten müssen (die Textfragmente wurden schon lange vorher in der NL gesammelt und veröffentlicht) und nach dem Veröffentlichen hatte sie Publikationsverbot – ganz im Gegenteil – sie hat nach 1982 munter und froh **(manchmal auch auf Seite 3, wo sonst der Conducător veröffentlicht wurde)** in der NL veröffentlicht – <u>sogar 1989, als sie schon länger als 2 Jahre lang Bundesbürgerin war.</u>)

NL = Neue Literatur	**NL-80-06-001**	
Zweite Spalte = Jahrgang	**80**	**1980**
Dritte Spalte = Monat	**06**	**Juni**
Vierte Spalte = Seite/Seite	**001**	**Seite 1**

Index = Inhaltsverzeichnis enthält einen Titel zum genannten Autor

<u>**Konzept der „Neuen Literatur"**</u> Zeitschrift des
Schriftstellerverbandes der Sozialistischen Republik Rumänien
Seite 1 – Inhaltsverzeichnis (Index)
Seite 2 – Inhaltsverzeichnis (Fortsetzung)

Seite 3 – Reserviert für „wichtige Dinge" des Conducǎtors Nicolae Ceausescu oder wichtige kommunistische Ereignisse
NL-80-06-001- Index-HERTA MÜLLER. (Neue Literatur,
       1980, Monat: Juni, Seite: 1)
NL-80-06-004- HERTA MÜLLER-Deutscher-Scheitel. (aus
       Niederungen, erschien erst 1982)
NL-80-06-006- HERTA MÜLLER-Grabrede. (aus Niederungen)
NL-80-06-008- HERTA MÜLLER-Grabrede. (aus Niederungen)
NL-80-06-010- HERTA MÜLLER-Familie-Frösche. (aus
       Niederungen)
NL-80-06-012- HERTA MÜLLER-Überlandbus. (aus
       Niederungen)
NL-80-06-014- HERTA MÜLLER-Blockkomitee. (aus
       Niederungen)
NL-80-06-016- HERTA MÜLLER-Blockkomitee. (aus
       Niederungen)

NL-80-12-001- Index-ALLE-AktGrp. (**alle Mitglieder der**
       Aktionsgruppe, auch Herta Müller)
NL-80-12-002- Index-Richard Wagner.
NL-80-12-004- Nikolaus Berwanger
NL-80-12-008- Berwanger-Lippet.
NL-80-12-010- Richard Wagner.

NL-80-12-020- HERTA MÜLLER - Dorfchronik. (aus
       Niederungen, erschien erst 1982)
NL-80-12-022 bis 026 HERTA MÜLLER Dorfchronik. (aus
       Niederungen)

NL-81-09-001- Index-HERTA MÜLLER-Nikolaus Berwanger
NL-81-09-022- HERTA MÜLLER-kurze-Prosa.
NL-81-09-024- HERTA MÜLLER-Prosa. (aus Niederungen)
NL-81-09-026- HERTA MÜLLER-Prosa.
NL-81-09-028- HERTA MÜLLER-Inge.
       (aus Niederungen, erschien erst 1982)
NL-81-09-030- HERTA MÜLLER-Inge.
       (aus Niederungen, erschien erst 1982)
NL-81-12-008 bis 012 RW-HERTA MÜLLER-Inge.

1982 Jahr des Erscheinens der „Niederungen" (Kriterion-Verlag)
(und darauf hat sie 4 Jahre gewartet oder daran gearbeitet)

NL-82-06-002- HERTA MÜLLER-usw.
NL-82-06-044- HERTA MÜLLER-Hakenmann.
NL-82-06-046- HERTA MÜLLER-Taschenuhr.

NL-82-10-001- Index-Richard Wagner.
NL-83-03-001- Index-HERTA MÜLLER
NL-83-03-002- HERTA MÜLLER - Drückender Tango Seite: 003.
NL-83-03-004- HERTA MÜLLER. (Drückender Tango
            Kriterion-Verlag)
NL-83-03-006- HERTA MÜLLER.
        (angeblich schon Publikationsverbot)
NL-83-03-008- HERTA MÜLLER.
NL-83-03-010- HERTA MÜLLER.

NL-83-08-001- Index-HERTA MÜLLER
NL-83-08-006 bis 012 HERTA MÜLLER-Rote Milch.
NL-83-08-014 bis 018 HERTA MÜLLER-Faule Birnen.

NL-84-02-001- Index-HERTA MÜLLER-
        (Seite 3 = Ceauşescus Seite)
NL-84-02-003- **HERTA MÜLLER statt Ceauşescu**
        (da wo Ceausescu stand, steht jetzt Herta Müller)
NL-84-02-004 bis 012 HERTA MÜLLER.
NL-84-02-014- HERTA MÜLLER-Rotbuch.
        (Rotbuch-Verlag, Berlin druckt „Niederungen")

**Reisefreiheit für Herta Müller und Richard Wagner
aber auch (angeblich) Publikationsverbot (ein Widerspruch!!!)**

NL-84-09-001- **Index-**HERTA MÜLLER.
NL-84-09-003 bis 012 HERTA MÜLLER.

NL-85-01-001- Index-Wagner-**Wichner**. Wichner,
        der literarische Schatten von HERTA MÜLLER
NL-85-01-039- Wichner. kam 1975 nach D,
        veröffentlicht 1985 in Rumänien
NL-85-01-040 bis 046 Ernest Wichner.
NL-85-01-092- **HERTA MÜLLER - Preis für Drückender Tango.**

NL-85-05-002- Index-Richard Wagner.

HERTA MÜLLER und Richard Wagner belegen 30% der NL zum Tag der Berfreiung 23.08.1985 (trotz Publikationsverbots?...)
NL-85-08-001- Index-HERTA MÜLLER-Richard Wagner.
NL-85-08-002- Richard Wagner und-HERTA MÜLLER
   (trotz angeblichen Publikationsverbotes???)
NL-85-08-012 bis 020 Richard Wagner
   Tag der Befreiung/Nationalfeiertag
NL-85-08-020 bis 040 **HERTA MÜLLER**
   Tag der Befreiung/Nationalfeiertag

Sept 1985 Ausreiseanträge von HERTA MÜLLER und Richard Wagner (in dieser Zeit wurden ALLE, die einen Ausreiseantrag stelleten, aus dem Arbeitsverhältnis entlassen!)
März 1987 Ausreise von HERTA MÜLLER und Richard Wagner aus Rumänien

NL-89-11-001-Index-HERTA MÜLLER (zweieinhalb Jahre
   nach ihrer gänzlichen Ausreise aus Rum.)
NL-89-11-016/017 HERTA MÜLLER „Unser großes Haus"
(Loblied auf die Ceauşescus)

Bemerkung:
Am Ende dieses Buches finden Sie eine Übersicht aller von Herta Müller und Richard Wagner veröffentlichten Texte in der „Neuen Literatur".

In den Internetlinks (hier) finden Sie die kompletten Beschreibungen und erklärenden Hinweise zu „Wird eine Lüge, die nur oft genug wiederholt wird, zur Wahrheit"?

Internetlinks:
http://www.franz-balzer.de/HM-an-Prof-Wert-Tuebingen-A4.pdf
Oktober 2015 / betr. Lügen in den Medien
http://www.franz-balzer.de/HM-ZKM-FLYER-2.pdf
Februar 2016 betr: weltweiter Kampf für Meinungsfreiheit
http://www.franz-balzer.de/HM-in-Speyer-E-Mail-an-
Organisatoren-April-2017.pdf
betr. Lügen in den Medien
http://www.franz-balzer.de/HM-SPRACHMAGIERIN-Jena-
Ehrendoktorwuerde.pdf

Juni 2017/ betr. Lügen über Herta Müller

http://www.triebswetter.de/roman-hm.htm
Zusammenfassung aller Kommentare zu veröffentlichten Falschmeldungen über Herta Müller in den deutschen Medien.

„Wird eine Lüge, die oft genug wiederholt wird, zur Wahrheit"?

Sammlung von Presse- und Medien-Falschmeldungen (Umgangssprachlich Lügen) betr. Herta Müller (teilweise kommentiert)

Siehe dazu Seite 117 bis 127.

Die „Neue Literatur" des rumänischen, kommunistischen
Schriftstellerverbandes (1979 – 1989)

Herta Müller kommt zum Stuttgarter Gespräch (Zweiter Teil)
Was macht das Autoritäre so faszinierend?
Die Faszination des Autoritären
Wie genau steht die Literatur zur Wirklichkeit, zur Zeit?

Ergänzungen und Klarstellungen zu
„Herta Müller und die Banater Schwaben"

Sehr geehrte Frau Maja Pflüger,
Sehr geehrter Herr Joachim Dorfs,

leider muss ich mich bei Ihnen noch einmal melden, um einige Klar-stellungen und Präzisierungen vorzutragen, ohne welche man, falls man einen gewissen Wissenshintergrund nicht hat, auch gewisse Dinge nicht verstehen kann. Und über die Geschichte, das Wesen und die Identität der Banater Schwaben, weiß man offen-sichtlich (fast) nichts in der „freien, westlichen" Welt – und muss dass glau-ben, dass von angeblichen (Schein)Dissidenten lautstark rausge-brüllt wird. Und dann geht es nach dem Motto: **„Wenn der Erste (scheinbar) glaubwürdig lügt, dann wird jeder, der nachher die Wahrheit sagt, als Lügner angesehen!"** Oder: „Wer zuerst ruft haltet den Dieb, dem wird stets geglaubt, der Betrogene hat stets den Nachteil." Oder besser: „Wer die Wahrheit geigt, dem schlägt man die Fidel auf den Kopf!"

Unsere Probleme mit: Müller war in ihrer Jugend gleich mehr-fach ausgesetzt:
-als Teil der deutschsprechenden Banater Schwaben,
(Banater Schwaben JA, Herta Müller NEIN)
-als Widerständige im Sozialismus, (FALSCH!)
-als kritische Stimme in der eigenen kulturellen Volksgruppe.
(VOLKSVERHETZUNG!)

Die hier angeführten Probleme wurden leider von mir das letzte Mal nicht vollständig bearbeitet. Das will ich jetzt ergänzen bzw. nachholen.

Wie im vorigen Schreiben schon erwähnt, waren die Banater Schwaben (und auch die Siebenbürger Sachsen, die man in den

deutschen Medien oft mit den Banatern verwechselt) im Zweiten Weltkrieg Mitläufer der Nazis. Das konnte leicht bewältigt werden, da Hitler mit dem rechten Antonescu-Regime einen Packt geschlossen hatte, und die Rumänen Seite an Seite mit den Nazis nach Russland in den Krieg gezogen sind. Es wurde oft erzählt, dass die Banater Schwaben und Siebenbürger Sachsen freiwillig in die deutsche Armee eingetreten sind. Dass es einige gab, ist nicht zu verneinen, mir haben aber Leute erzählt, die damals beim rumänischen Militär waren, dass der „Umzug" aus der rumänischen in die deutsche Kaserne mit aufgepflanzten Bajonetten streng bewacht und behütet wurde. Die Rumänen wechselten im August 1944 die Fronten und die deutschstämmigen aus Rumänien waren plötzlich Feinde, und mussten vor der Roten Armee flüchten. (Wenn nun C.D.Florescu in seinem Roman behauptet, dass die Deutschen die Fronten wechselten, dann ist das pure Lust am Lügen – na ja, künstlerische Freiheit eben? Oder?...)

Für die Rumäniendeutschen begann dann das Martyrium: Enteignung durch die Kommunisten, Verfolgung und Verschleppung von Männern und Frauen (auch von Unschuldigen, die nicht am Krieg beteiligt waren) in die Zwangsarbeitslager der Sowjetunion. Man hat meines Erachtens alle Banater Nazis erwischt (die nicht Richtung Deutschland geflüchtet waren) und in die sowjetischen Lager gesteckt, wo sie ihre entsprechende Strafe abgesessen haben. Als sie zurückkamen durften sie kaum etwas (besser gesagt gar nichts) darüber sprechen. Das war ihre Vergangenheitsbewältigung. Etwas, wie das, was die 68er veranstaltet haben, war da nicht mehr nötig. Und in den Schulen wurde nur noch die kommunistische Doktrin, der glorreiche Sieg über Hitlerdeutschland unterrichtet, so dass, die Nachkommen auch alle „geheilt" waren (zumal sie auch noch alle kollektiv als Nazis gehalten und entsprechend verspottet wurden). Und wenn Herta Müller daherkommt und trotzdem alle als Nazis beschimpft, ist das grober Unfug, denn sie tut das nur aus Hass gegenüber ihrer Landsleute, weil den Banater Schwaben ihre „Niederungen" übel aufgestoßen sind. Einige Jahre nachdem die Russlandheimkehrer wieder Fuß gefasst hatten, wurden halbe Dörfer aus dem Banat, in Güterzüge gepackt (was soll man dazu aber sagen, die Nazis haben es ja auch gemacht) und 800 km landeinwärts nach Osten auf einer Steppe wieder rausgelassen. Dort durften die Banater Schwaben (und es waren nur Banater Schwaben und keine Siebenbürger Sachsen) und einige Regimekritiker sich wieder Lehmhütten bauen, um die kalten Winter zu überleben. (C.D.Florescu – der Sohn eines Securitate-Informanten spottet da nur: „Und wieder errichteten sie ein neues Dorf!" Ein Romankommentator: „Zur falschen Zeit, am falschen Ort – über ihnen nur der Himmel" – eine bodenlose Gemeinheit den Deportierten gegenüber.) In die leer gewordenen Häuser der Deportierten zogen organisiert von den Kommunisten und der Securitate (die Stasi Rumäniens) Kolonisten aus den östlichen Teilen Rumäniens ein, die dafür sorgten, dass die Häuser nach fünf Jahren beinahe wieder neu aufgebaut werden mussten. Herta Müller hat davon nichts mitbekommen, denn Nitzkydorf war nicht davon betroffen. Nach weiteren fünf Jahren konnten die Deportierten wieder zurück, mussten ihre Häuser wieder herrichten und dann kam die Kollektivierung, die wiederum für die Banater Schwaben eine Enteignung war. Was in dieser Zeit kaum jemandem auffiel, war das Netz von Spitzeln, das aufgebaut wurde. Verfolgte gab es kaum, denn die saßen alle im Knast – die konnten nicht frei herumlaufen, wie z.B. Herta Müller. Man wurde – zumindest als Deutscher – beschattet wo man war: „Die Wände hatten Ohren." Redefreiheit, Meinungsfreiheit, Reisefreiheit, Pressefreiheit gab es nur für die Kommunisten und Securisten und deren Helfershelfer – einem kleinen Teil der Bevölkerung, den Privilegierten (und dazu gehörten sowohl Florescu als auch Herta Müller). Postpakete wurden willkürlich geöffnet – eventuell Artikel, an welchen „man" Gefallen hatte, entwendet (darf man das überhaupt über diese „Saubermänner" sagen/schreiben?) – und Briefe wurden zensiert. [Das führ ich HIER deswegen an, weil man heute schon erkennen kann, dass z.B. E-Mails (die moderne Art Briefe zu schreiben – und das soll ausgebaut werden) „zensiert" werden – im Klartext willkürlich als Spams gekennzeichnet werden, so dass die Adressaten diese oft nicht lesen können, weil sie in den Spamordner abgelegt und gelöscht werden. Hurra – wir sind schon beinahe so gut wie die Securitate – nur wir tun so, als wüssten wir es noch nicht!]

Unter diesen Umständen begann eine Ausreisewelle, die anfangs erheblich unterbunden werden sollte, denn der glückliche Aufbau des Sozialismus und Kommunismus sollte ja

keinen Schaden durch davor Flüchtende (die als Fahnen-
flüchtige, Verräter und Verbrecher bezeichnet und auch als
solche behandelt wurden, was auch C.D.Florescu in seinem
Roman übernahm) nehmen. Der Grenzschutz funktionierte
perfekt – es wurde auch mehrmals von der Schusswaffe Gebrauch gemacht und auf Republikflüchtlinge geschossen. (Das
je auf Eindringlinge geschossen wurde, hatte man nie gehört,
denn es gab keine, die die Errungenschaften des glücklichen
Kommunismus stören wollten.) Anfangs mussten die Ausreisewilligen mehrere Jahre (10-20 Jahre waren keine Seltenheit) auf ihre Ausreisepässe warten. Ausreiseanträge wurden
auch mehrmals gestellt, weil man immer wieder abgewiesen
wurde. (Die Deutschen, die in Rumänien lebten, sollten schließlich – als Sklaven des Kommunismus – für die Untaten Hitlers
bezahlen.)

Muss man sich heute noch wundern, dass unter diesen Umständen die Deutsche Regierung zwischen 1969 und 1989 bereit
war, die „Sklaven" der rumänischen Kommunisten frei zu kaufen? Geschah das nicht in machen Fällen auch mit ehemaligen
DDR-Dissidenten? Waren das auch alle Nazis? Für Herta Müller
waren alle „Republikflüchtlinge" aus Rumänien Nazis. Und
genau das empfanden die Mitglieder der RKP (Rumänischen
Kommunistischen Partei – kurz die Partei genannt) ebenfalls.
Der zweite Ex (Richard Wagner) von Herta Müller war auch
Mitglied in dieser Partei. Hatte sie vielleicht deswegen Privi-
legien und gaukelt heute der deutschen Öffentlichkeit vor, sie
wäre verfolgt gewesen? (Warum verschweigt sie der deutschen
Öffentlichkeit, die Tatsache, dass es zur Trennung von ihrem ersten
Mann gekommen ist, und sie in Rumänien bei ihren „angeblichen
Verfolgern" geblieben ist, weil sie ihren Ausreiseantrag annulliert
hat?) Richard Wagner gehörte auch zu einem Kreis von
Schriftstellern, die sich „Aktionsgruppe Banat" nannten. Carl
Gibson behauptet, dass das eine Gruppe ohne Aktion gewesen
sei. Und Richard Wagner schreibt in der Banater Post – dem
Presseorgan der Banater Schwaben – „Wir waren Kommunisten.
Wir waren nicht nur gute Kommunisten, wir waren auch die
GEBILDETEREN MARXISTEN – eine Provokation für unsere Lands-
leute." Ja bei diesen Aktionen mussten die Securitate ja Angst
haben, dass die „Aktionsgruppe Banat" einen noch besseren
Kommunismus erstreben wollte, als den, den sie selbst schon

erleben mussten. Diese Aktionsgruppe eiferte den 68ern aus der damaligen Bundesrepublik nach, die auf Vergangenheitsbewältigung pochten. Das wollte die „Aktionsgruppe Banat" auch, aber die haben offensichtlich nicht mitbekommen, dass ihre Landsleute schon längst für ihre Mitläuferschaft mit Hitler gebüßt hatten (Enteignung, Deportationen, Kollektivierung, Bespitzelung, Einschüchterung, Zensur, Reiseverbot, Meinungsverbot, usw). Und die 68er wollten es nicht wahr haben, dass sie den Machenschaften des sowjetischen Geheimdienstes KGB, der die Studentenrevolte im Westen während des Prager Frühlings organisiert, angestachelt und entfacht hat, erlagen. (Quelle: Aussagen des damaligen sowjetischen Botschafters in Bonn, Valentin Falin, im deutschen Fernsehen Anfang der 80er Jahre.)

Die Freikaufaktion war bald begleitet von Schmiergeldzahlungen der Banater Schwaben (und Siebenbürger Sachsen gleichermaßen) an Securitate-Offiziere, um eine Beschleunigung der Bearbeitung ihrer Ausreisepapiere zu erlangen. Es entstand eine regelrechte „Verbrüderung" zwischen Tätern und Opfern. Wie viele Spitzel in dieser Zeit nach Deutschland gekommen sind, kann man nur erahnen. Der Vorstand der Banater Landsmannschaft in München war „unterlaufen" und im Visier der Securitate, dass ja niemand etwas „Schlechtes" über Rumänien hier in Deutschland verbreitet.

Mitten in dieser Freikaufaktion 1982 kam das Prosawerk von Herta Müller – die nicht aus Rumänien ausreisen wollte – im Bukarester Kriterion-Verlag raus, in welchem die Banater Schwaben auf das Übelste erniedrigt, verleumdet, literarisch Verunstaltet und rassistisch volksverhetzend dargestellt wurden. Das Prosawerk lag genau auf der Linie der Partei und Securitate und wurde auch vom Zentralkomitee der Kommunistischen Jugend Rumäniens (CC al UTC) mit zwei Preisen belegt. Das Schmutzwerk über die Banater Schwaben – die eigentlich von Herta Müller als Nazis beschimpft wurden, weil sie ihr literarisches Werk kritisierten – kam auch 1984 in der Bundesrepublik im „Rotbuch-Verlag" heraus und bekam hier noch weitere drei Literaturpreise. Was für Hohlköpfe waren das? Wer vergibt einen Literaturpreis für die Verunstaltung der Identität einer deutschen Minderheit – die in Scharen die

Freiheit aus einem kommunistischen Regime suchten und Unmengen materiell, seelisch, psychisch dafür bezahlt haben und leiden mussten? Linksterroristische Hohlgeister? Und was **soll man von jenen halten (auch Professoren-Doktoren, die dem linken Spektrum zuzurechen sind, die ihre Studenten mit einer linksgerichteten Volldoktrin zumüllen), die solche Werke (2011 kam auch noch ein Nachahmer dazu, C.D.Florescu, der noch einiges draufsetzte) mit Literaturpreisen belegen?** Und Herta Müller beschimpft regelmäßig in Interviews die Banater Schwaben, die ihre Meinungen zu den Schundwerken nicht äußern dürfen, denn sie passen nicht zum Mainstreamjournalismus?
Ist das Qualitätsjournalismus?

An welcher Stelle konnte man in diesem Beschreibungen fest-stellen, dass Herta Müller eine „Widerständige im Sozialismus" war? Ganz im Gegenteil, sie hat mit den kommunistischen Machthabern zusammen gearbeitet und das Ansehen ihrer Landsleute während der Freikaufphase verunstaltet und be-schmutzt. Ein Mitglied der Aktionsgruppe äußerte sich so: „Sie haben die Landsleute, die von ‚Geist und Kultur desinteressiert' waren, literarisch verewigen wollen." **(Welche Kultur sollten die Banater Schwaben im kommunistischen Rumänien interes-sieren? Die der Kommunisten? Oder der noch gebildeteren Marxisten?) Das grenzt natürlich an eine große Portion Über-heblichkeit, oder Größenwahn die man auch bei den Anhängern der 68er bemerken kann:** „Wir sind die Intellektuellen und alle anderen sind die Blöden, oder Idioten!" **So etwa steht es dann auch in Wikipedia:** „Intellektuelle halten ‚Niederungen' für gute deutsche Literatur!" **Ich finde das ekelerregend! Das als Ende meiner Beobachtungen und abschließend über die „kritische Stimme in der eigenen kulturellen Volksgruppe". (Volksgruppe ist ein Begriff, den die Nazis auch verwendet haben.)**

Die Leiden einer ehemaligen Minderheit wird von jenen verspottet und literarisch verunstaltet, die (zum Teil) selbst dafür verantwortlich waren, oder mit den Verantwortlichen paktierten. Das kann nur in Deutschland unter (linksterroristischen) Besserwissern passieren! (Und das sind auch so manche (halb)gebildete Medienfuzzis!)

Links zu Dokus und Infos von Carl Gibson – dem ehemaligen pol-itisch Inhaftierten der Ceauşescu-Diktatur:

https://carl-gibson.blogspot.de/2018/02/trieb-herta-muller-die-aufrechte.html
https://carl-gibson.blogspot.de/2018/02/ist-die-stuttgarter-zeitung-teil-der.html

Entschuldigen Sie, bitte, dass es so viel geworden ist.
Vielen Dank. Mit freundlichen Grüßen
Franz Balzer

Donauschwabenufer
in Ulm an der Donau

Rastatt, im Mai 2015

An das Auersperg-Gymnasium Passau

betr.:
Lesung 23.04.2015 Florescu am Auersperg-Gymnasium Passau.
Deutschland auf dem Weg zur Bananenrepublik? Fest im Griff
der 68er? Wie Persönlichkeiten aus der Öffentlichkeit für deren
unwürdigen Ziele – z.B. Preisverleihungen, welchen jeweils in
den Medien ein Paket von Lügen vorausgehen – missbraucht
werden!
Zum Roman „Jacob beschließt zu lieben" von Cătălin Dorian Florescu über meinen **Geburtsort, der dasselbe Thema „beackert" wie**
Herta Müller in „Niederungen": Verleumdung, Diskriminierung,
Erniedrigung und Entwürdigung der Triebswetterer und Banater
Schwaben, wofür man sowohl im ehemaligen menschenunwür-
digen altkommunistischen Regime Ceauşescus als auch „heu-
te" in Deutschland auch noch Preise bekommt.

Sehr geehrte Frau K, Rektorin des Auersberg-Gymnasiums,
(oder vielleicht besser: Sehr geehrte Frau Kollegin)

zuerst möchte ich Ihnen mitteilen, dass dieses Schreiben an mehrere Personen gerichtet ist, denn ich glaube dieses Thema geht alle etwas an. Die altkommunistischen Bastionen in Osteuropa sind kaum
gefallen und schon haben unsere Erziehungs- und Medienvertreter
die Umtriebe dieser menschenunwürdigen Regierungen vergessen.
Folgende Personen, die ich (beinahe nicht ganz) willkürlich aus dem
Kollegium des Auersperg Gymnasiums Passau gewählt habe, werden dieses Schreiben samt Anlagen ebenfalls bekommen:
Schulleiter H. B. (als Schulleiter nur zur Information) **Elternbeirat B.**
W. (weil die vorgestellten Werke „Zaira" und „Jacob beschließt
zu lieben" auf den Index jugendgefährdender Schriften gehörten
und nicht vor Schülern gelesen werden sollten) B.G., OStR i.K.
Mathematik, Physik (ich habe auch Mathematik und Physik studiert)
K.M., Pfarrer, katholische Religionslehre (weil die in „Jacob" beschriebenen Protagonisten katholisch waren/sind und nicht mit den

abergläubischen Geschichten Florescus vereinbar sind) N.U., StRin i.K. Deutsch, Geschichte, Sozialkunde (weil in der Einladung angegeben wurde, dass der Einladungstext von der Deutschfachschaft kommt, Frau K. aber offensichtlich nicht dazu gehört und weil das Thema in „Jacob" sowohl geschichtlich wie auch sozial am Rande der Gesellschaftsformen vorbeigeht: Geschichtsverfälschung, Identitätsverfälschung[9], Persönlichkeitsrechtverletzung und Verunglimpfung des Antlitzes von Toten).

Zuerst möchte ich mich vorstellen. Ich bin 1947 in Triebswetter im rumänischen Teil des Banates geboren [der Mädchenname meiner Großmutter väterlicherseits war Oberten (auch Obertin, Aubertin) und der Mädchenname meiner Mutter war Rennon (auch Renon, Reno), die Namen meiner beiden Urgroßväter stehen im Roman Florescus], habe dort die Grund- und Allgemeinschule besucht, und nach einer Aufnahmeprüfung am Lyzeum Nr.10 in Temeswar (Timişoara), an welchem Rumänen, Serben, Ungarn und Deutsche aus dem ganzen Banat lernten, mein Abitur (dort Bakkalaureat) gemacht. Nach einer erneuten Aufnahmeprüfung an der Temeswarer Universität (heute UVT – Universitatea de Vest Timişoara) habe ich ein 5jähriges Mathematik-Physik-Studium im Jahre 1970 mit Diplom absolviert. In dieser Zeit habe ich nebenbei auch Sport betrieben. Ich war sowohl während der Lyzeumszeit (wir waren 1965 Schülermeister Rumäniens) als auch während der Studienzeit (wo wir in der zweiten Liga spielten) in der Handballmannschaft tätig. Dass die kommunistischen Machthaber großen Wert auf sportliche Erfolge legten, das wissen Sie. Dadurch hatte ich die Möglichkeit das Land kreuz und quer zu bereisen: Bukarest, Constanţa, Ploieşti, Craiova, Bacău, Braşov (Kronstadt), Oradea (Großwardein), Hermannstadt (Sibiu) habe ich gesehen. In unserer Mannschaft gab es Rumänen, Deutsche, Ungarn und Serben. Ich kann mich aber nicht erinnern, dass ich Leuten, wie C.D. Florescu und Herta Müller begegnet bin.

Bis 1975 war ich Lehrer (Professor für Mathematik und Physik) an der Allgemeinschule Guttenbrunn (Zăbrani, Judeţul Arad), also im anderen Teil des Banates, von wo aus ich dann nach Deutschland umgesiedelt bin (dass wir von der deutschen Regierung damals „gekauft" wurden, war nur ein unbestätigtes Gerücht, dass sich erst

---

[9] Geschichts- und Identitätsverfälschung einer Minderheit ist Volksverhetzung

=> 95 <=

lange danach als richtig erwiesen hat). Ich wurde in den Schuldienst übernommen, unterrichtete an der Realschule Mathematik, Physik, Musik, Computer und Biologie, und begann 1983 als eine der ersten Realschulen im Schulkreis Baden-Baden-Rastatt mit dem Computerunterricht. Seit einigen Jahren bin ich pensioniert, so, dass ich mich mit „Schundliteratur" und den drum herum stattfindenden volksverdummenden Berichterstattungen beschäftigen kann, was ich während meiner Dienstzeit nicht konnte, denn mit Computerräumen und Netzwerken ging so manche Nacht und so manches Wochenende drauf. (So etwas wie „Subotnik" war man ja gewöhnt.)

Mein Bruder, der es viel schwerer hatte als ich, hat Germanistik studiert (ich habe also einen Literaturexperten bei der Hand), und ihm erging es viel schlechter, denn er wurde 1983 nachdem er einen Ausreiseantrag gestellt hatte, entlassen und war monatelang in Rumänien ohne Einkommen wie viele andere auch. Nach 1983 wurde es aber für ausgesiedelte Lehrer aus Rumänien schwerer, einen Job zu bekommen. (1982 kamen ja die aus „niedrigen Beweggründen" verfassten „Niederungen" von Herta Müller heraus. Sie wollte nicht ausreisen, jedoch die meisten ihrer Landsleute wollten es.)

Die ehemalige DDR war ein Unrechtsstaat!
Sind wir heute wirklich noch ein Rechtsstatt? Ich will nur einige Beispiele angeben: Der Fall Kachelmann, ein Schmierentheater sondergleichen, wo auch echte kommunistische Vetternwirtschaft, wie ich sie aus Rumänien kenne, zum Tragen kam. Fazit: Nicht schuldig, aber persönliche Pleite! Der Fall Gustl Mollath. Falsches psychologisches Gutachten, da eine Bank ja keine „krummen" Geschäfte macht, 7 Jahre psychologische Anstalt (sprich Irrenhaus) und Psychologe und Richter laufen noch immer frei herum, obwohl es sich herausgestellt hat, dass der Mann unschuldig war! Das ist nur die Spitze des Eisberges.

Wenn die ehemalige DDR ein Unrechtsstaat war, was war dann die Kommunistische Republik Rumänien unter Ceauşescu? Wenn heute unter dem unaufhörlichen verlogenen Applaus der Medien bei uns Leute, die diesem Regime Ceauşescus gelinde gesagt „gewogen" waren, literarische Preise, trotz Diskriminierung und Verleumdung eines ganzen Volksstammes, für welchen dieses Regime unerträglich war und geflüchtet ist, und trotz anhaltender Proteste der (von den Medien erneut diskrimi-

nierten) Betroffenen, <u>bekommen</u>, dann muss dieser „wohl bei-spielhafte kommunistische Staat" ein Rechtsstaat gewesen sein! Oder?

Handelt es sich um einen Stasi-Securitate-Sumpf (oder Seilschaften mit Beteiligung der 68er) ungeahnten Ausmaßes?

Was weiß ich über die 68er? Sie haben demonstriert (für den „wissenschaftlichen Sozialismus") und Steine geworfen und wir in Rumänien haben studiert (gegen den verhassten „wissenschaft-lichen Sozialismus", der in jeder Fachrichtung Hauptfach war). In einer deutschen Fernsehsendung trat einmal der ehemalige Bot-schafter der Sowjetunion, Valentin Falin, auf und sagte beinahe wört-lich: „**Die Studentenunruhen 1968 wurden vom KGB unter-wandert und angestachelt, damit die westlichen Politiker von den Ereignissen in der damaligen CSSR abgelenkt wurden.**" Der Name der deutschen Terroristen muss irgendwie auch damit zusam-menhängen: RAF (Rote Armee Fraktion)!

Wenn **Herta Müllers „Niederungen" eine Verleumdung, Diskrimi-nierung und Volksverhetzung** ALLER **Banater Schwaben** darstellt, so wird **Cătălin Dorian Florescus Roman „Jacob be-schließt zu lieben" zusätzlich das Persönlichkeitsrecht** eines noch lebenden Rentners und aller **Familien, deren Namen aus dem Familiensippenbuch** – dem „Treffil-Buch" – aus Triebswetter ent-nommen wurden, sowie das **Verunglimpfen des Antlitzes von Toten** vom Triebswetterer Friedhof darstellen. Florescu behauptet schließlich, dass er und Herta Müller dasselbe Thema „beackern".

Und die Medien JUBELN „so eine gute, deutsche Literatur hat es noch nie gegeben" und die Betroffenen – Triebswetterer und Banater Schwaben – hatten und haben kein Recht, je ein Wort in den „freien Medien", die in JEDEM BEITRAG glatt weg LÜGEN, abzusetzen.

Das ist nichts anderes als „gute, kommunistische" Berichter-stattung, die in einem Deutschland von heute nichts verloren hat! Das ist Diskriminierung PUR!!!

Wer in Rumänien geboren ist, ist automatisch ein Rumäne. Dem muss ich allerdings vehement widersprechen, wenn sich die Be-troffenen eben nicht als Rumänen halten. Warum kann man nicht selbst bestimmen, ob man Rumäne, Ungar, Serbe, Zigeuner oder Deutscher ist? Und wenn man, obwohl man in Rumänien geboren wurde, sich als Deutscher hält, darf man trotzdem nicht als „Nazi" beschimpft werden! Das ist so eine allgemeine altkommunistische und 68er Theorie. Ich habe schon des Öfteren gehört, dass Landsleute (Banater Schwaben) sich beklagten, dass man sie, nachdem sie ihren Geburtsort genannt haben, als Rumänen gehalten hat. Und gehen wir noch weiter. In Rumänien, gerade in Oltenien, wo unser Romanschreiber des Triebswetterer Romans herkommt, leben sehr viele Zigeuner (man sollte heute Rroma sagen/schreiben, aber der Autor nennt sie auch Zigeuner) und man kann sogar in Wikipedia nachlesen, dass die oft keinen Namen hatten und in Altrumänien unbeliebt, verfolgt, gefangen und als Sklaven (1852) verkauft wurden. Diese Zigeuner fuhren mit ihren Pferdewagen (die im deutschen Schlager so schön als „Zigeunerwagen" besungen wurden) herum und lebten von dem, was sie auf ihren Wegen gefunden haben. Diese Zigeuner wurden auch in Rumänien geboren, sind also laut „obiger" Theorie auch Rumänen. FAZIT: Schon kann man die Banater Schwaben mit den Zigeunern von der Mitte des letzten Jahrhunderts gleichsetzen, was der Verfasser des Triebswetterer Romans – bauernschlau, wie er ist – auch tatsächlich macht.

Ich habe lange darüber nachgedacht – etwa 3 Jahre – warum man als Schriftsteller so etwas schreibt, wo doch die Rumänen aus dem Banat mit den Schwaben sehr gut lebten. Letztlich erhielt ich eine Mail aus dem Banat von Banatern (diesmal keine Banater Schwaben sondern Rumänen). Darin wird von namhaften Professoren der UVT (Universitate de Vest Timişoara) erklärt, warum die Oltener im Banat nicht willkommen waren. Nach dem Ersten Weltkrieg wurde das Banat an Rumänien angegliedert und die ersten Nichtbanater Rumänen (aus dem Osten, das waren Oltener, Muntener, Moldauer, usw.) erschienen, die nicht gerade willkommen waren, denn das ganze Hab und Gut (Felder, Gärten, Häuser) war schon verteilt. Nach dem Zweiten Weltkrieg kamen die Kommunisten (nationalistischer Prägung aus dem Osten, hauptsächlich Oltener), die glaubten, dass sie den Banater Schwaben und Siebenbürger Sachsen alles wegnehmen konnten, was sie selbst nicht hatten, denn DIESE hatten es sich unrechtmäßig erworben. Die Oltener bekamen alle verantwortungsvollen Posten, die Vetternwirtschaft erblühte und sie richteten als „gute" Kommunisten das Land zu Grunde, weswegen die Banater Schwaben letztendlich das Land verlassen wollten. So machten sich die Oltener auch unter ihren eigenen Landsleuten – Rumänen, die im Banat verankert waren – einen schlechten Namen. Florescu, dessen Vorfahren alle aus Oltenien kommen (siehe „Der kurze Weg nach Hause"), behauptete schließlich in einem Bericht in der Zeit-Online, dass er nicht mehr ertragen konnte, immer nur Negatives über Waisenhäusern aus Rumänien in den Medien zu lesen/hören. So, dass ich davon ausgehe, dass „Jacob beschließt zu lieben" die Antwort Florescus auf diese Umstände ist. Übrigens ist noch zu erwähnen: Ceauşescu (der für Florescu wie „Vater und Mutter" war, ebenfalls Zeit-Online) war auch Oltener.

Hier meine Rezension zu „Jacob beschließt zu lieben": Wer sind die Banater Schwaben? Oder Donauschwaben? (Kurze Geschichte.)

Rumänien: Die Römer ziehen sich vom Gebiet Dakiens südlich der Donau zurück. Es folgte eine Zeit von etwa 900 Jahren, in welchen Wandervölker das Gebiet nördlich der Donau heimsuchten... (Aus dieser Zeit fand man keine Unterlagen, oder will man keine gefunden haben...) Dort liegt auch Oltenien, das Ursprungsland von Florescus Vorfahren. Fand er dort ein Reservoir seiner Fiktionen?

1299 – 1923 Die Osmanen bedrohen, erobern und besetzen die Länder Osteuropas, auch die rumänischen Fürstentümer Moldau und Walachei und stehen letztendlichen (1683) vor den Toren Wiens. (1521 wird Belgrad von den Osmanen erobert. 1552 fällt Temeswar für etwa 150 Jahre unter Osmanische Herrschaft.)

1618 - 1648 Dreißigjähriger Krieg (Wikipedia bzw. Deutsche Geschichte): Religionskrieg in Mitteleuropa, in welchem sich Gegensätze zwischen der Katholischen Liga und der Protestantischen Union innerhalb des Heiligen Römischen Reiches und der habsburgisch-französische Gegensatz auf europäischer Ebene entluden... Von den Historikern wird der Krieg in mehrere Teile geteilt und einer war der französisch-schwedische Krieg, der auf deutschem Boden stattfand. Im Krieg waren Söldner aus GANZ EUROPA beteiligt, die je nach Kriegslage und Sold die Seiten wechselten: Dass dies speziell Lothringer waren, wurde nicht erwähnt. Bis 1760 fanden noch etliche Kriege statt. Der 30jährige Krieg gehört überhaupt NICHT zur Geschichte der Ansiedlung der Banater Schwaben und erst recht nicht zu der von Triebswetter (das 1772, eine Tatsache, die Florescu genau kennt, also 124 Jahre nach dem Ende des 30jährigen Krieges angesiedelt wurde, und zwar von der österreichisch-ungarischen Monarchie und nicht von „Verbrechern" aus Lothringen).

12.09.1683 Die Osmanen werden aus der Umgebung Wiens vertrieben.

05.08.1716 Prinz Eugen besiegt die Osmanen in der Schlacht von Peterwardein.

13.10.1716 Prinz Eugen befreit Temeswar von der 150jährigen Osmanischen Herrschaft.

22.08.1717 Belgrad wird von der Osmanischen Herrschaft befreit.

Erst jetzt kann die Ansiedlung des Banates beginnen! Und heute kommentiert ein Hohlkopf: „Und doch wurde jemand dafür vertrieben!"

1722 – 1726 Erster Schwabenzug,

1763 – 1772 Zweiter Schwabenzug. (Umgesiedelt wurden arme Bauern und Handwerker, die im damaligen Banat verödete oder versumpfte Weidegebiete vorfanden, die durch Trockenlegung zu geschlossenen Ackerbaulandschaften umgewandelt worden sind.)

1781 – 1787 Dritter Schwabenzug: „Die Ersten fanden den Tod, die Zweiten hatten die Not, und die Dritten erst das Brot".

Die österreichische Monarchie organisierte die Umsiedlungsaktionen und versprach den Siedlern steuerliche Erleichterungen. Die Siedler – anfangs wurde nur katholischen Familien die Auswanderung gestattet - kamen aus Süddeutschland (Bayern, Württemberg, Baden, der Pfalz), Luxemburg, Elsass, Lothringen, usw. Alle trafen sich in Ulm ein, um auf den „Ulmer Schachteln" die Reise auf der Donau bis nach Wien zu bewältigen. Von Wien bis ins Banat waren es noch 400 km, die teils auf der Donau, teils auf dem Lande zurückgelegt wurden. Diesem Umstand ist es wohl zu verdanken, dass sie „Donauschwaben" oder „Banater Schwaben" genannt wurden. (Und keiner von ihnen wollte sich mit fremden Federn schmücken! Und kein Siedler hatte in Wien andere ermordet, um dessen Platz einzunehmen!) Manche verunglückten auf der Donau, manche wurden von den dortigen Einheimischen überfallen, ausgeraubt und auch ermordet. Krankheiten und Überschwemmungen im Ankunftsgebiet waren nicht selten und haben so manche Siedler dahingerafft. Es gelang jedoch blühende Dörfer, Felder und Gärten zu gestalten. Das Banat war unter österreichisch-ungarischer Herrschaft, gehörte genau zu Südungarn. Das Banat wurde oft auch die „Kornkammer" Europas genannt. Obwohl die Landessprache einigemal wechselte, blieb die deutsche Sprache – oder das, was aus der Verschmelzung der ganzen vorhandenen Dialekte, darunter auch Französisch – als „Banatschwäbisch" entstanden ist. Die „Idylle" wurde vom Ersten Weltkrieg gestört, das Banat gehörte letzten Endes zu den Verlierern und wurde in drei (ungleiche) Teile geteilt, der größte Teil fiel 1920 zusammen mit Transsylvanien an Rumänien. Ein rumänischer Journalist, Dan Adrian Cărămidariu, schreibt, dass damals „die Tragödie des Banates" (Tragedia Banatului) begann. Und 90 Jahre danach – die Kummerkammer Europas – gibt es nur noch vereinzelt Rumäniendeutsche im Banat und Siebenbürgen.

(Was schreibt Alexander Graf in seinem Buch „Auf der Suche nach unseren Wurzeln". Zitat Seite 5: „Dass wir *fast* alle Nachkommen tüchtiger, fleißiger Bauern und Handwerker sind, die eine beispiellose Lebensleistung erbracht haben, ohne die es keine menschenwürdige Zukunft für uns und unsere Kinder und Enkelkinder gegeben hätte... In der sozialistischen Ära hat man versucht die Leistungen unserer Vorfahren klein zu reden, **einige Schriftsteller haben sich nicht gescheut das Menschenbild der Schwaben verzerrt, JA FALSCH darzustellen**. Aber es gibt auch Ausnahmen, so in dem Buch ‚Ghidul Banatului' von Dr. Emil Grădinariu und Ion Stoia-Udrea: „Die Schwaben sind ein fleißiges Volk und haben mit ökonomischem Sachverstand in kurzer Zeit eine ausgezeichnete materielle Basis geschaffen... Sie sind bewundernswerte Landwirte... mit gut ausgestatteten, ordentlichen Bauernhöfen." Davon finde ich bei Herta Müller und C.D. Florescu NICHTS! Warum? Weil BEIDE „geistig" noch NIE dort waren! Und warum *fast* alle? Weil einige ihre Herkunft vergessen haben – sie vielleicht gar nicht kannten oder kennen – und heute ihre „freie Meinung" äußern dürfen, auch wenn die Identität total falsch dargestellt wird!)

Mit dem Lebensstandard ging es abwärts aber mit der Unzufriedenheit mit den neuen Machthabern aufwärts, so dass Hitler nach seiner Machtübernahme ein leichtes Spiel hatte. Rumänien ging sogar einen Pakt mit Hitlerdeutschland ein und marschierte Seite an Seite mit Deutschland in die Sowjetunion ein. (Ob sich alle freiwillig ins deutsche Heer einreihten, sei mal dahingestellt. Bei dem Übergang aus der rumänischen in die deutsche Kaserne wurden die „Freiwilligen" mit aufgepflanzten Gewehren „begleitet". Wer nicht mitmachte, dem wurden die Fensterscheiben zertrümmert und auch Schlimmeres angetan. Mussten in Deutschland nicht auch alle „freiwillig" mitmarschieren?) Nach dem Fiasko von Stalingrad, wechselten die Rumänen die Fronten und die Deutschen aus Rumänien „waren ALLE Nazis" und mussten vor der Roten Armee flüchten.

Nach dem Krieg begann die Zeit der Enteignungen und Deportationen (Russland für Banater Schwaben und Siebenbürger Sachsen – dass jeder, der es nur konnte, sich davor gedrückt hat, müsste jedem Leser einleuchten - und Bărăgan für Banater Schwaben, die dort der einheimischen rumänischen Bevölkerung – falls vorhanden – als Verbrecher vorgestellt wurden). In die leergeräumten Häuser zogen die rumänischen Nationalkommunisten der ersten Stunde ein. Gleichzeitig hatte man „Angst", dass Revanchisten aus dem Ausland kommen, um die „angeblichen" Errungenschaften und den Aufbau des Kommunismus zu stören, so dass man sich mit gut bewachten Grenzen und gut ausgebildeten und bewaffneten Grenzern, sowie mit einem Geheimdienst, der mit der Gestapo konkurrieren konnte, schützen musste. Es kam kein einziger Eindringling, es wurden nur Menschen, die aus dem „glücklichen" Kommunismus fliehen wollten, entweder gleich erschossen oder jahrelang eingesperrt. Durch die Kollektivierung verloren die deutschen Bauern (Rumänen zwar auch, aber die hatten nicht so große Verluste, gerade im Banat nicht, wo es auch keine rumänischen Großgrundbesitzer gab) fast alles was sie hatten. Mit der Landwirtschaft und Industrie ging es immer mehr bergab. Reisefreiheit und Meinungsfreiheit waren für alle Fremdwörter, nur für einige von der kommunistischen Partei (RKP) Privilegierte nicht. Das Spitzelwesen funktionierte hervorragend, auch heute noch. Wenn die ehemalige DDR ein Unrechtsstaat war, was war dann Rumänien?

Fast alle Rumäniendeutschen verspürten den Drang nach Freiheit. Dieser Freiheitsdrang wurde vom Regime unterdrückt, weil es verhindern wollte, dass der Kommunismus im Ausland „Schaden" nimmt. Ja auch für unsere 68er und jene, die deren Geist weitertragen, muss es eine Blamage ihrer stumpfen Ideen gewesen sein. Allerdings wollten nicht alle das Land verlassen, denn einige (wenige) hatten sich mit dem Regime „arrangiert" (und wurden zu Privilegierten). Irgendwann begann eine Ausreisewelle. Viele „schmierten" mit Devisen gewisse Stellen der Securitate, um schneller an die Ausreisepapiere zu gelangen. Gleichzeitig hat der Deutsche Staat für die Ausreisewilligen (70er- und 80er-Jahre) bezahlt, was letztes Jahr in den TV Beiträgen „Teurer Freikauf" und

„Deutsche gegen Devisen" dargestellt wurde. Ganz sicher sind auch einige Spitzel „eingekauft" worden. Ja unter Banater Schwaben und Siebenbürger Sachsen waren auch welche dabei, die heute mehr Freiheiten genießen, als die Rumänien-deutschen seinerzeit unter Hammer und Sichel und sie dürfen auch ihre freie Meinung äußern (die ehemaligen Privilegierten). Und ganz besonders Privilegierte durften sogar mit PKW, Dachgepäckträger und Anhänger und das noch ohne Kontrolle, „obwohl man den ande-ren den Wagen beinahe auseinandernahm" auch noch ERNEUT „flüchten". (Man wollte nach Italien, dann doch 1982 nach Deutsch-land – da lief aber gerade die Freikaufaktion – und landete dann in der Schweiz!)

Nun wird in der neuen, deutschen Literatur, die mit den ehemaligen Machthabern recht enge Kontakte hatten, versucht das Ansehen der Banater Schwaben – und sogar deren Vorfahren vor 250-300 Jahren – zu beschmutzen. Wie sagte doch Alexander Graf : „... die Leistun-gen unserer Vorfahren klein zu reden, einige Schriftsteller haben sich nicht gescheut das Menschenbild der Schwaben verzerrt, JA FALSCH darzustellen." Das war nicht nur damals so, das ist auch heute noch so und zwar unter dem „Schutz und Schirm" der Künst-lerfreiheit. Und sie fanden sogar einen Fanclub, der am „Straßen-rand" steht, jubelt und Preise vergibt! Trotz Volksverhetzung! Die gedemütigten und diskriminierten Banater Schwaben haben kein Recht, ihre Meinung in den Medien zu äußern. Moderne Presse-freiheit für Privilegierte! Oder menschenunwürdige, leserverachtende Voksverdummung?

Die Banater Bauern - so Herta Müller – die arbeiteten solange es hell war, kehrten oft spät am Abend nach Hause zurück und „dachten und sprachen nur über ihre Arbeit" und nicht über Schundliteratur.
In Herta Müllers „Niederungen" – woran sich auch Florescu orientiert hat, denn sie beackern beide dasselbe Thema – wird die Lebens-weise der Banater Schwaben an einem wohl einzigartigen Beispiel im Banat derart übertrieben, dass eigentlich alle Deutschen Ämter, Verbände und Institutionen auf die Banater Schwaben – bei ihrem Freikauf (1982+/-10 Jahre) und ihrer Umsiedlung – als „gefährliche Übeltäter" hätten aufmerksam werden müssen: Das Jugendamt we-gen Einprügeln auf Kinder, Frauenorganisationen wegen Diskrimi-nierung und Erniedrigung der Frauen (bei Florescu gibt es nur „dicke, fette Hausfrauen, die fettige Gemüsesuppen kochen, sich voll laufen lassen und streiten"), Tierschutzorganisationen wegen Tier-

quälerei (z.B. den Hund mit dem Fuß getreten, bis er verendete, dem Kalb das Bein gebrochen, damit es notgeschlachtet werden konnte), der Drogenfahndung (weil „vermummte" Großmütter Mohnkuchen backten und auserwählte Banater Krähenmist als Drogen nutzten), die Polizei wegen gewalttätiger und besoffener Männer und Korruption. (Die 68er dürfte es wohl auf den Plan gerufen haben, wegen der „Aufarbeitung der Nazivergangenheit". Die Nazis haben in Rumänien ihren Senf – siehe Enteignungen, Deportationen, Kollektivierung, Bespitzelung, usw. – abbekommen!) Alles wird noch von Inzucht, Fremdgehen und übertriebener Sauberkeit und Sparsamkeit abgerundet. Die Inzucht hat Florescu vergessen, dafür gibt es bei ihm keine „übertriebene" Sauberkeit mehr, denn bei ihm haben sich die Protagonisten überhaupt nicht mehr gewaschen: „Sie fanden den eben so übel riechenden anderen, mit dreckverkrusteten Füßen, nach Kot und Urin stinkend unter der – in banatdeutschen Haushalten nicht vorhandenen – Strohdecken".

Er setzte aber noch einiges drauf, gerade was die Vorfahren aus Lothringen betrifft: Frontenwechsler, Mörder, Hausabfackeler, Geiselnehmer, Vergewaltiger, Zigeunerjäger, Zigeunerhenker, usw. Und diese Verbrecher sollen den Banater Ort Triebswetter gegründet haben?!... **Da müsste jedem ein „Licht aufgehen", falls er überhaupt einen „Schalter" hat!**

Wer könnte schon ein Interesse daran gehabt haben, die Banater Schwaben zu verleumden?   Mitten in der „Freikaufaktion" 1982? Dem Jahr in welchem Florescu mehrfach mit eigenem PKW samt Dachgepäckträger und Anhänger flüchten konnte, der dann für die Beschreibung dieser Flucht, für das Referieren (in der Werbung zum Erstlingsroman) der Heldentaten Ceaușescus und dem Mitmarschieren am Nationalfeiertag der Nationalkommunisten in der ersten Reihe, dem Lobgesang auf Kommunisten und deren Einrichtungen, 2001 ebenfalls Preise bekommt? Wurden manche Preise nach dem rumänischen kommunistischen „Beziehungs-Prinzip" vergeben? Was in der Werbung stand, steht aber gar nicht im Erstlingsroman drin. Und seither werden die Leser bei allen Kommentaren, Berichten und Klappentexten belogen. Die Desinformationspolitik in den Medien (FAZ, NZZ, alle waren sie dabei) hat aber schon 1982 mit Herta Müllers „Niederungen" begonnen, wie in den menschenunwürdigen Regimes der Länder Osteuropas.) Was mussten sich die Ausreisewilligen in Rumänien für Vorwürfe und Erniedrigungen von der

RKP (Rumänischen Kommunistischen Partei) und deren Handlanger – der Securitate – alles anhören: Überläufer, Verräter, Verbrecher usw., genau so wie in Florescus Roman die Triebswetterer und ihre Vorfahren beschrieben werden.

Das herausragende Beispiel von verlogener und volksverdummender Presseberichterstattung war letzten Sommer im SchwaBo[10] zu lesen: „Texte voll Sinnlichkeit" und das Lesen bereite ein „Erkenntnisse förderndes Vergnügen." Ja, das stimmt schon und zwar für Rassisten, die sich über die Verleumdung und Erniedrigung anderer lustig machen und freuen können! Wie „sinnlich" und „Erkenntnisse fördernd" schreibt hier ein „privilegierter" Rumäne mit altkommunistischen Wurzeln über Banater Schwaben: „Animalische Kopulation, Gestank nach Kot, Urin und dreckverkrusteten Füßen, fanden sie schnell den genau so übel riechenden anderen unter der Strohdecke, Geburten auf dem Mist, ständig besoffenen Burghütern und Feldwächtern." Ganz übel wird den Obertins mit ihren lothringischen Vorfahren mitgespielt: „Frontenwechsler, Verräter, Zigeunerjäger, Zigeunerhenker, Mörder, Brandstifter, Vergewaltiger, Geiselnehmer, usw." Zweimal werden den Triebswetterer Banater Schwaben und den Obertins Verbrecher untergejubelt (und keiner merkt wohl etwas): Einmal nimmt der Mörder und Geiselnehmer nach dem 30jährigen Krieg den Namen Obertin an und ein zweites Mal der Jakob „ohne Name" – der Zigeuner, der über die Karpaten aus dem Osten kam – Elsa heiratete und den Namen Obertin annahm, den Sohn an die Russen verriet und Katica ermorden ließ. Im Banat wurde nach einer Trauung, Vermählung (damals aus dem Familiensippenbuch der Triebswetterer Kopulation) grundsätzlich immer der Name des Mannes angenommen. Und die Banater Schwaben hatten nie so gute Beziehungen zu den Zigeunern, dass je eine banatschwäbische Frau einen Zigeuner geheiratet und dass es auch Zigeuner als Halbbrüder gegeben hätte. **Und das ALLES wird in den Medien, in Lehrerfortbildungsanstalten und in Schulen vorgelesen** (weil es wohl so anspruchsvoll ist) und verbreitet: **„DAS waren die Banater Schwaben, die Überläufer, Verräter und Verbrecher, die dem Kommunismus den Rücken gekehrt haben!"** (Ausgenommen die Privilegierten!)

---

[10] Schwarzwälder Bote

Der Roman: „Jacob beschließt zu lieben"
von Catalin Dorian Florescu:
Das ist kein Geschichtsroman der Banater Schwaben, das ist kein Familienepos der Triebswetterer Familie Obertin, das ist eine Kriminalisierung unserer Ahnen und Vorfahren aus Lothringen, das ist eine Identitätsverfälschung der Banater Schwaben, das ist eine Schmähschrift gegen die Triebswetterer im Besonderen und Banater Schwaben im Allgemeinen!

Der reale Name Triebswetter und alle real existierenden Triebswetterer Familiennamen, die zusammen mit ihren Kurzgeschichten, die negativ aufpoliert aus dem Familienbuch übernommen wurden, dürfen kein Thema für einen Roman, der zwischen Wirklichkeit und Fiktion keinen Unterschied macht, sein.

Jakob (mit k, die deutsche Schreibweise) ist der Böse und Üble und Jacob (mit c, die rumänische Schreibweise) ist der Liebe und Gute, sagt in meinen Augen alles aus. Der Autor spielt mit Identitäten, die er mit „einem" Buchstaben verändern kann (siehe Thüringer Allgemeine). Das ist trotz literarisch vollkommen gestalteter schriftstellerischer Meisterleistung NATIONALISMUS und RASSISMUS!

Ihre Väter haben unsere Eltern um ihr Vermögen und ihre Freiheit beraubt und die Söhne berauben uns jetzt unserer Identität. Und die „Privilegierten" merken nichts? Oder wollen sie nichts merken?

Das ist eine Beleidigung, Erniedrigung und Diskriminierung sowie Verhöhnung und Verspottung der OPFER der rumänischen kommunistischen DIKTATUR!

Dies gilt auch für alle, die diesen Roman in grenzenlosen Kommentaren loben und für alle die, die angeblich viel für das Gelingen des Romans beigetragen haben, bei welchen sich der Autor bedankt:
„Der Autor dankt dem Land Schleswig-Holstein und den Städten Erfurt und Baden-Baden sowie dem Literarischen Colloquium Berlin und der Bosch-Stiftung für die Unterstützung dieses Romans".
Irgendwie lauter Privilegierte?...

Was steht auf einem Gedenkstein der Donauschwaben (Donauschwabenufer Ulm).

„…Und so verstreuten sich die Donauschwaben über die ganze Welt und wurden überall geachtete Bürger…" nur bei Herta Müller (in „Niederungen") und Cătălin Dorian Florescu (in „Jacob beschließt zu lieben") NICHT! (…Und das ist keine Fiktion, aber mit der Künstlerfreiheit kann man diese Menschen verleumden und diskriminieren, bei Florescu sogar zusammen mit ihren Vorfahren „mit Blut an den Händen" und als „Selbstmörder, Geiselnehmer, Vergewaltiger" kriminalisieren.)

Ich finde diesen Roman daher TOLL, und zwar als ein die BANATER SCHWABEN DISKRIMINIERENDEN Schundroman! Das ist Verhöhnung und Verspottung der Opfer des menschenunwürdigen Regimes durch Privilegierte. Und so einem Schundwerk muss man Preise vergeben! Gratulation!

> **Das Menschenbild und die Identität, die Lebensweise, die Sitten und Bräuche der Banater Schwaben verzerrt und falsch darzustellen, sehe ich nicht als Fiktion und Künstlerfreiheit, sondern als Volksverhetzung an!**

(Ende meiner Renzension.)

Wie hieß es da doch? „Fleißige, tüchtige Bauern und Handwerker". Finden wir die auch in Herta Müllers und C.D. Florescus Romanen? Nein! Sie haben ja Künstlerfreiheit! Das akzeptiere ich auch noch, aber nur bis zur Volksverhetzung (wenn etwas über eine Minderheit so dargestellt wird, wie es nie war, was z.B. zum Lächerlich machen führt). Aber in Interviews, selbstverfasste Berichte und Kommentare erwarte ich keine „Fiktionen", das Synonym für „glaubwürdiges Lügen", sondern die Wahrheit. Diese fehlt aber bei beiden, es gibt eine regelrechte Leuchtspur von Lügen, die nur gelingt, weil „hier" keiner (vom ehemaligen kommunistischen Lügen- und Kleptokraten-Staat etwas weiß und) den Wahrheitsgehalt überprüfen kann und AUCH NICHT TUT, weil den angeblichen "Dissidenten" geglaubt wird.

Genau für die Nachkommen dieser „tüchtigen, fleißigen Bauern und Handwerker" setze ich mich ein, weil es andere, die es tun sollten, nicht tun, um die „menschenwürdige Zukunft für uns und unsere Kinder und Enkelkinder" zu sichern. Diese Nachfahren, die aufs Äußerste in den Romanen entwürdigt wurden, ihre Identität regelrecht entstellt wurde (das ist Volksverhetzung), sind heute nicht in der Lage, sich gegen diese unverschämten, menschenunwürdigen Krixler[11] zu wehren bzw. sind sie immer noch traumatisiert vom Erlebten im Unterdrückungs- und Unrechtsstaat und seinen Spitzeln.

Daher schreibe ich nicht für alle Banater Schwaben, weil es einige nicht verdienen, dass man sich für sie einsetzt. Das sind die, die sich so aufführen, dass andere sie als Nazis bezeichnen müssen und die andere Gattung, die der Verräter und Kollaborateure. Diese hat es schon vor der Umsiedlung und erst recht danach gegeben und es gibt sie heute noch. **Fans der ehemaligen menschenunwürdigen Regierungen des Ostens, die heute noch immer versuchen, die Identität der Banater Schwaben zu untergraben, ins Gegenteil zu verdrehen, solche die diese Schmutzromane auch noch loben und weiterempfehlen.** Das gilt auch für die Banater Landsmannschaft! Es reicht nicht nur „Tanzveranstaltungen" zu organisieren! Daher heißt es auch weiter oben *fast* alle!

Schriftsteller, die in Romanen die Künstlerfreiheit für „Persönlichkeitsrechtverletzung" (C.D.Florescu), **„Volksverhetzung"** (Herta Müller und C.D.Florescu) und **„Verunglimpfung des Antlitzes von Toten"** (C.D.Florescu) **missbrauchen, sollten von deutschen Institutionen keine Preise erhalten. (Den Holocaust darf niemand leugnen, aber die Opfer der Vertreibung und des totalitären Unrechts durch kommunistische Diktaturen sollte man auch nicht vergessen und nicht wie den letzten literarischen Dreck behandeln.)**

Eine Banater Landsmannschaft (in der Zeitung „Banater Post" wird ein Kommentar von Triebswetterern verweigert, dafür aber der eines ehemaligen kommunistischen Kulturredakteurs abgedruckt, die Banater Leserschaft in Deutschland belogen und betrogen), **ein DZM** (Donauschwäbisches Zentralmuseum Ulm), **ein DAAD** (Deutscher Akademischer Austauschdienst, der mir eher rassistisch als akademisch vorkommt, wie alle anderen auch, die Deutschland im Ausland vertreten), das **Goethe-Institut**, der **Wangener Kreis**, die **Hesse-Stiftung**, der **SBVV** (Schweizer Buch und Verleger Verband) und **ALLE deutschen und Schweizer Medien** sollten es auch **unterlassen, die Opfer der menschenunwürdigen Diktaturen zu ver-**

---

[11] Krixler – banatschwäbisches, abwertendes Wort für unbeliebte Schriftsteller

höhnen und verspotten, sei es durch „Texte voll Sinnlichkeit", Romanen, bei welchen das Lesen ein „Erkenntnisse förderndes Vergnügen" sei und anderen **Lobgesängen**, sowie das **Übersetzen** in andere Sprachen (darunter auch ins Russische, was vor kurzer Zeit erst geschah).

Kommentar einer Schweizerin: „Ich schäme mich als Schweizerin, dass dieser Roman, den Schweizer Buchpreis erhalten hat". Und ich auch für die Schweizer, die das Recht haben, die Wahrheit zu erfahren." (Ende des Auszuges aus dem Brief an die Schweizer.)

Werden wir Banater Schwaben nach den „Fiktionen" (also Lügen, denn die Romanschreiber haben „Narrenfreiheit", wenn es auch Rassismus ist) zweier Hassromanschreiber, die für ein Regime arbeiteten, dass längst untergegangen ist, beurteilt und behandelt? Ich habe schon die Bemerkung gehört, dass das ja dasselbe wie bei Herta Müller wäre. Das stimmt leider nicht. Bei Herta Müller wurden keine Namen genannt! (Dafür behauptet sie aber, dass es die ganze Väterngeneration war, die sie im Sinne der 68er voller Hass beschreibt, gemeint sind also alle Banater Schwaben. So eine einmalig zerrüttete Familie, wie die, die sie in „Niederungen" beschreibt, gab es NIE im Banat.)

Und der renommierte C.H.Beck-Verlag? Im Vorfeld der Auslieferung des Romans „Jacob" haben mehrere Banater Schwaben den Verlag „vergeblich" angeschrieben. Aber die FAZ hat es am 24.12.2013 über die Nazi-Vergangenheit des Verlages auf den Punkt gebracht (Auszug aus meinem Kommentar dazu, dessen Veröffentlichung natürlich kommentarlos verweigert wurde, Ausschnitt, Zitat): Daraus mein Fazit: „Ein gewisser ‚Ansatz von Nazis' gehört wohl schon noch immer zur Geschichte des C.H. Beck-Verlages, weswegen dem rassistischen Roman des Autors 2011 auch ‚stattgegeben' wurde". So finde ich, dass der letzte Satz: **„Wahrscheinlich sind gute Manieren der größte Unterschied zwischen C.H. Beck und Deutschlands heute**", doch etwas aus dem Rahmen fällt. Welches waren die guten Manieren, die beim Beck-Verlag anzutreffen waren, als festgelegt wurde, dass der Roman „Jacob" gedruckt werden soll? **„Wo immer sich Deutschland befand, war der Verlag.** Und als Hitlers Besessenheit das Land dumm, blind und grausam machte, passte sich C.H.Beck ebenfalls an." Das kann man i.B. auf den vom C.H. Beck Verlag gedruckten, Roman „Jacob beschließt zu lieben"

mit „kleinen Einschränkungen" auch sagen. („**Erlebtes und Erfahrenes bleibt immer individuell**", ist eine Antwort vom C.H. Beck Verlag. **Ceauşescu, Honecker und die menschenunwürdigen Regimes hat es nie gegeben, das haben wir nur geträumt**.) **Glaubt man des Autors Geschichten immer noch beim C.H. Beck Verlag und bei allen Medien, die von diesem „bedrängt, bedroht, bezahlt oder unter Druck gesetzt" werden?"**
(Zitatende, Kommentar zum FAZ Beitrag „Deutsche Brüder" 24.12.2013)

Ich wurde auch schon vom „renommierten Verlag" bedroht und eingeschüchtert, und meine Antwort war (Ausschnitt, Zitat):
„Den Jakob Oberten gibt es wirklich und er hatte eine Begegnung mit C.D. Florescu, und Triebswetter gibt es auch wirklich und im „Treffil-Buch" stehen alle Familiennamen (außer den beiden Zigeunern, sogar Katiza), die im Roman vorkommen, drin. Das „Treffil-Buch" ist auch online und den Tipp hat der Autor vom Verfasser selbst bekommen: http://www.triebswetter-banat.ro

(Es ist eigentlich egal, ob er aus dem Buch oder aus dem Internet abgeschrieben hat.) Herr Hielscher[12] Sie könnten doch noch einmal den „Jacob..." lesen und dann im Internet nach den Triebswetterer Familiennamen suchen und die Geschichten vergleichen. Wenn Sie dann die „abwägigen Stellen" markieren, wir haben 292 Stellen gefunden, so haben Sie dann auch ein „angemaltes Buch". Und wenn Sie wirklich Prof.Doktor sind, dann kommen sie zu demselben Schluss wie die Schweizer Schüler: **„Ich schäme mich langsam als Schweizer, dass dieser Roman den Schweizer Buchpreis bekommen hat"**.

Zu „ehrabschneiderischen Behauptungen" will ich Ihnen einige Szenen/Zitate aus dem Buch niederschreiben. Zum noch lebenden Jakob Oberten (was im rumänischen Ausweis Iacob Oberten geschrieben wird) aus Triebswetter:
- sein Vater ist ein Zigeuner;
- seine Mutter ist eine Hure;
- er wurde auf dem Mist geboren;
- er verrät (als Vater) seinen Sohn an die Russen;
- sein Halbbruder ist ein Zigeuner;

---

[12] Prof.-Doktor Martin Hielscher, der Lektor beim C.H-Beck-Verlag

- seine Vorfahren aus Lothringen sind:
Mörder, Überläufer, Zigeunerjäger, Zigeunerhenker, Brandstifter,
Vergewaltiger, Geiselnehmer...

Gehts noch? Herr Professor? Wo bleibt die Würde dieses Mannes?
Und die der anderen Triebswetterer? Sowie die verunglimpften
Toten?

In einer Werbung sagt Florescu, dass er die Dynastie der Obertins
beschreibt, die „Zivilisationsstifter Triebswetters" und damit wird ganz
Triebswetter dermaßen erniedrigt und verleumdet, dass Sie sich das
gar nicht vorstellen können, denn Sie sind nicht im Kommunismus
seiner Landsleute aufgewachsen.

Weiter:
-Triebswetter ist ein Ort von Selbstmördern und Pechvögeln;
-die Vorfahren der Triebswetterer aus Lothringen haben ihre alte
Heimat mit Blut an den Händen verlassen;
-die geteilte Minderheit der Banater Schwaben hat etwas gegen seinen Roman, das sind „reaktionäre traditionalistische Kreise" (Worte
DIREKT aus dem Munde Ceauşescus);
-und nicht zuletzt, der falsche Aberglaube und die verfälschte Identität und Geschichte der Banater Schwaben und Triebswetterer.

Ceauşescu wollte die Identität der Minderheiten (vor 1989) auslö-
schen (siehe Nachrichten aus jener Zeit), Florescu holt es jetzt nach
mit seinem Roman. Was er beschreibt, sind keine Banater Schwaben oder Triebswetterer.
DAS NENN ICH VOLKSVERHETZUNG!" (Zitatende)
(Das komplette Schreiben an den C.H.Beck-Verlag steht in meinem
Buch „Gehört Verleumdung zum Brauchtum der Banater Schwaben?" ab Seite 249.)

Auszüge aus meinem Schreiben (ab Seite 190 in meinem Buch
„Gehört Verleumdung zum Brauchtum der Banater Schwaben?") an
Radio Temeswar:
„Der erste Satz, den ich über Florescu gelesen habe, war
GELOGEN!
Da hieß es doch beim Verlag: „1967 in Temeswar geboren... 1976
erste Ausreise mit dem Vater nach Italien und Amerika... Rückkehr
acht Monate später... 1982 ENDGÜLTIGE Flucht in die Schweiz..."

Und das mit eigenem PKW mit Dachgepäckträger und Anhänger! Wer konnte damals in Rumänien einen Pendelverkehr zwischen Ost und West organisieren? Wer bekam schon seinen Pass in vier Tagen? Welcher Banater Schwabe hatte dieses Glück? Als wir darauf aufmerksam gemacht haben, wurde „die endgültige Flucht" – was eine große Lüge war – vom Verlag umgewandelt. Jeder Banater Schwabe weiß, was das bedeutet, mit Ausnahme einiger 35Jähriger vielleicht nicht, denn die haben Deportation und kommunistische Unterdrückung nicht mehr erlebt und sind genau in der „Generation Doof" angekommen und wurden davon angesteckt, falls sie nicht zu dem Personenkreis gehörten, über die ich vorher (es handelt sich um Privilegierte des menschenunwürdigen Regimes) schon etwas geschrieben habe. Die 35jährigen Banater Schwaben wissen es auch nicht mehr – oder sie haben es noch nie gewusst und da gehören meine Kinder auch dazu – was das Folgende bedeutet:
- in Rumänien gute Beziehungen zu haben und täglich der Miliz (Miliz = Securitate) zu berichten;
- durch diese „Beziehungen" grenzenlose Freiheiten zu genießen, die kaum jemand in Rumänien in jener Zeit nutzen konnte (Italien, Amerika, aus dem Lebenslauf);
- die Möglichkeit zu haben, mehrmals, sogar mit dem eigenen PKW, zu flüchten;
- die Heldentaten Ceaușescus zu referieren (Werbung für den Kommunismus);
- am Nationalfeiertag in der ersten Reihe mitzumarschieren (aus der Werbung zu „Wunderzeit");
- Triebswetter als Ort von Selbstmördern und Pechvögeln zu beschreiben;
- Triebswetterer als „REAKTIONÄRE, traditionalistische Kreise" zu bezeichnen;
- Ceaușescu auf gleicher Stufe wie Vater und Mutter (Zeit-Online) zu stellen;
- genau am 23. August, am Nationalfeiertag, einen Bericht in der Zeit-Online über Ceaușescu und Rumänien zu posten?

Was soll man dann von den deutschen Kulturredakteuren erwarten, für welche diese Themen ein großes Fragezeichen mit vielen Unbekannten bedeuten, die gegebenenfalls auch noch dafür, unter dem Zeichen der „Presse- und Meinungsfreiheit für alle" gerade stehen wollen. Nur was keiner weiß, dass die Kulturradakteure im kommunistischen Regime Ceaușescus keine anderen als Securitate

Mitarbeiter waren, die heute noch mehrmals Loblieder auf Florescu in der Banater Post (ganze Seiten füllend) veröffentlichen. (Zitatende)

Was mich interessieren würde. Haben Sie nie etwas über Banater Schwaben oder Triebswetter gehört/gelesen? Wer hat Sie auf die Idee gebracht, diese Lesung zu veranstalten/organisieren? Wurden sie erpresst, gezwungen, bezahlt dies zu tun? Sie müssen mir natürlich nicht antworten, wenn Sie nicht wollen, aber können Sie sich vorstellen, dass ich mir diese Fragen stelle. Glauben Sie nicht, dass Sie von „dieser Person" auf die übelste Art und Weise benutzt wurden, Werbung für einen rassistischen Roman zu machen? Der Autor hat bei seiner Lesung bestimmt nicht die Passagen, die ich hier beschrieben habe gelesen und so die Leser/ Interessenten (wie auch die Presse schon so oft) „hintergangen".

Seit Herta Müller wird in den Medien regelmäßig gelogen. Ich will darauf hier nicht näher eingehen, aber alle Berichte, die ich über Florescu und Herta Müller in den letzten Monaten gelesen habe, waren (teilweise) gelogen.
Näheres können Sie im Internet nachlesen.
http://www.triebswetter.de/roman-hm.htm
http://www.triebswetter.de/roman-hav.htm
http://www.triebswetter.de/roman-faz.htm
http://www.triebswetter.de/roman-bams.htm
http://www.triebswetter.de/roman-medien.htm

Sie haben es hervorragend organisieren können , dass Florescu sein „großes" Meisterwerk bewerben konnte. **Ich habe alle „Übelkeiten", die der Autor meinen Landsleuten aus Triebswetter angetan hat, in einem Buch zusammengefasst und ich wollte Sie bitten die-ses Buch doch auch bekannt zu machen**. Gegebenenfalls würde ich sogar nach Passau kommen (etwa 400km) um Klarheit zu schaffen.
Gehört Verleumdung zum Brauchtum der Banater Schwaben?
Ist gesellschaftlicher Wandel Lug, Betrug und Heuchelei?
Ist der Medienbeitrag zum „großen" Roman „Jacob beschließt zu lieben" Fiktion oder Volksverdummung?
http://www.franz-balzer.de/verleumdung.htm

Dazu lege ich Ihnen einige Flyer bei, die Sie verteilen könnten. Bücher „Pustet" und die Passauer Neuen Nachrichten bekommen auch Post von mir.

Noch eine Internetadresse. Ein Telefonat (mit Bilder aus Triebswetter und Untertitel), welches ich mit dem „Doppelprotagonisten" Jac/kob Obertin aus Triebswetter geführt habe:
http://www.vimeo.com/110132454
Auf Vimeo finden Sie auch ein Interview (aber in rumänischer Sprache) mit dem Autor Florescu. Ich habe die wichtigsten Passagen übersetzt:
http://www.vimeo.com/99910669

Vielen Dank für Ihre Geduld.
Mit freundlichen Grüßen
Franz Balzer

Persönlichkeitsrechtverletzung, Volksverhetzung, und Verunglimpfung des Antlitzes von Toten bei gleichzeitiger Diskriminierung ALLER Triebswetterer. Dafür steht hier eine intelligente „Jury" von Preisvergebern:
NZZ,SRF2, SBVV, FAZ usw.

Rastatt, den 26.05.2018

An das Gymnasium Bad Iburg/Europaschule

betr.:
Herta Müller. Wird eine Lüge, die nur oft genug wiederholt wird, zur Wahrheit?
Wie sahen die verunglimpften Banater Schwaben das Erstlingswerk „Niederungen"?
Ist die Verleihung des Ovid-Preises an Herta Müller wegen ihrer Exilliteratur gerechtfertigt?
Anlass: Literarischer Abend mit Herta Müller,
Moderation: Ernest Wichner, ehm. Leiter des Literaturhauses Berlin

Sehr geehrte Frau S., Rektorin der Europaschule,

der literarische Abend mit Herta Müller, der vom literarischen Aufpasser Ernest Wichner moderiert wird, hat mich veranlasst Ihnen einige Zeilen (eigentlich mehrere Seiten) zu schreiben. Ich bin Banater Schwabe, genau so wie die Beiden und es stört mich, wie sie die Identität, die Sitten und Bräuche sowie das Wesen der Banater Schwaben durch den Dreck ziehen, wobei sie sich als intellektuelle Besserwisser ausgeben. Für sie sind ihre Landsleute von „Geist und Kultur desinteressiert". Ich muss aber dabei ergänzen, dass es sich um die Kultur der kommunistischen Diktatur Ceauşescus handeln soll, welche ich im Moment niemandem empfehlen kann (leider gibt es aber bei uns Tendenzen, etwas Ähnliches auch hier in Deutschland einzuführen, z.B. Publikations- und Meinungsverbot für Banater Schwaben unter der „Regie" von Herta Müller gibt es bei uns schon fast seit 30 Jahren) Den Lesern wird von den Medien die Meinung einiger weniger auferzwungen, was mich dazu veranlasst von einer Mediendiktatur zu sprechen. **Es wäre nett, wenn Sie es veranlassen könnten, dass sich Ihre Schüler mit den Problemen auseinandersetzen könnten – vorausgesetzt sie sind noch nicht befangen,** wie viele Erwachsene, die noch nie etwas Negatives von Herta Müller gehört oder gelesen haben. Eine Nobelpreisträgerin ist unfehlbar und muss wie eine Göttin behandelt werden. Wir – eine Gruppe Banater Schwaben, die das Tun und Lassen von Herta Müller durchschaut haben – sind da anderer Meinung. Gegen

Fiktionen in ihren Werken „kann" man ja nichts sagen, denn Schriftsteller genießen Künstlerfreiheit, dafür erwarte ich aber in Interviews die reine Wahrheit und nichts als die Wahrheit und keine „alternativen Fakten", oder „virtuellen Realitäten". Und da findet man bei Herta Müller keinen Jota. Ich bestehe aber dann auch auf meine eigene Meinungsfreiheit, die mir kein anderer abnehmen darf!

Was mich im letzten Monat sehr störte war der Umstand, dass man (Stuttgarter Zeitung und Robert Bosch Stiftung) Studenten instrumentalisiert hatte, um bei einer Lesung in Stuttgart Herta Müller einige Fragen zu stellen. Auf „unsere" Fragen (hauptsächlich jene von Carl Gibson, einem unter Ceauşescu politisch inhaftierten, der heute in Deutschland „Publikationsverbot" hat, weil er der Erste war, der Herta Müllers Lügen aufgedeckt hat) haben wir noch keine Antwort bekommen. Die Literaturforschung über Herta Müller geht in die falsche Richtung!

Daher befürchte ich, dass Ihre Schüler auch instrumentalisiert werden, dass man ihnen Lügen auftischt, dass man sie dazu veranlasst, die Bücher Herta Müllers zu kaufen. Daher würde ich vorschlagen, die folgenden Texte den Schülern vorzulegen, damit sie dann eine eigene Entscheidung treffen können.

Dieses Schreiben soll keineswegs eine Werbung für irgendetwas sein! Eventuell für die Wahrheit!

Vielen Dank.
Mit freundlichen Grüßen.
Franz Balzer

Wird eine Lüge, die nur oft genug wiederholt wird, zur Wahrheit?

Sammlung von Presse- und Medien-Falschmeldungen (Umgangssprachlich Lügen) betr. Herta Müller (kommentiert). „Wird eine Lüge, die oft genug wiederholt wird, zur Wahrheit"?

2009. „Die Zeit". „Die Securitate ist immer noch im Dienst" von Herta Müller. Im Vorfeld der Nobelpreisvergabe an Herta Müller erschien ein von ihr verfasster Bericht (Artikel/Essay) in der „Zeit".
Darin beschreibt sie, dass sie von zwei Securisten am Bahnhof Poiana Braşov in den Dreck gestoßen wurde, und dass sie denen gegenüber „ohne Haftbefehl gehe ich nicht mit" gesagt haben soll. Aber den Bahnhof Poiana Braşov gibt es gar nicht, dann gibt es das „Securitate-Folter-Martyrium", welches sonst noch in dem Bericht beschrieben wurde auch nicht. Und die Dissidentin Herta Müller gibt es auch nicht.
Carl Gibson hat darüber mehrere Bücher geschrieben, davon will ich eins angeben: „Ohne Haftbefehl gehe ich nicht mit". Carl Gibson hatte etliche Fragen an Herta Müller (wegen ihres Securitate-Folter-Martyriums), die bis heute (8 Jahre später) noch immer nicht beantwortet sind. Dafür wurde er aber als Kommentator bei „Der Zeit" gesperrt, weil er sich (angeblich) nicht an die „Nettiquette" gehalten hat. Seither hat er (und noch andere Banater Schwaben) „Publikationsverbot" in Deutschland! „Wie gut dass niemand weiß, dass ich Herta Müller heiß..."

Literaturpreis der Stadt Solingen „Die schärfste Klinge" 2014
„Der Menschenwürde eine Stimme geben."
... mit dem Preis „eine Schriftstellerin würdigen, die nach eigener Erfahrung in <u>bewegender Prosa</u> mit eindringlicher Sprachmacht verdeutlicht hat; welche <u>Verletzungen Menschen erleiden, die einem diktatorischen Regime</u> ausgesetzt sind"
Wie ist es um die Menschenwürde ihrer Landsleute – den Banater Schwaben – welche sie in „Niederungen" auf das Äußerste besudelt, bestellt; und dafür mehrere Preise von den Altkommunisten (als Privilegierte) Rumäniens und westdeutschen Medien bekommt?

„Gegen Angriffe kann man sich wehren, gegen Verleumdung ist man machtlos."
Welche Möglichkeiten hatten ihre in „Niederungen" 1982 entwürdigten und verleumdeten Landsleute, die in den 70er- und 80er-Jahren die Freiheit suchten, wobei sie gleichzeitig mit ihrer „schmutzigen Prosa" konfrontiert wurden? Wo ist deren Menschenwürde geblieben? Wo bleibt deren Recht auf freie Meinungsäußerung?

Writers for Freedom/„Der weltweite Kampf um die freie Meinungsäußerung". Herta Müller produziert sich beim ZKM vor der Öffentlichkeit als „Writers for Freedom" Freiheits-Schreiber – Karlsruhe 2016.
Warum wird bei uns die freie Meinungsäußerung nach dem Beispiel wohl der Nazidiktatur als auch der ehemaligen osteuropäischen kommunistischen Diktaturen unterdrückt und verhindert? Warum dürfen die ehemaligen Inhaftierten der Ceauşescu-Diktatur in der heutigen, freien, deutschen Presse ihre Meinung nicht äußern, wenngleich die Meinungen von Scheindissidenten, ehemalige Privilegierte einer menschenunwürdigen kommunistischen Diktatur – wie Herta Müller und Cătălin Dorian Florescu – gleichzeitig verbreitet werden? Haben Banater Schwaben – heute Bundesbürger – kein Recht auf freie Meinungsäußerung?

**HAV: Hamburger Autorenvereinigung /
Hannelore-Greve-Literaturpreis 2014**
Herta Müller ... zeige uns bis heute, „dass es immer Literaten gibt, die ihre Stimme für Freiheit und Grundrechte erheben. Die Auszeichnung trifft auf eine Schriftstellerin, die **zeitlebens** eine mutige Stimme gegen die kommunistische Diktatur in ihrem Geburtsland Rumänien war." Herta Müller ist auch heute ein Vorbild, „wenn sich vor unserer Haustür Zustände auftürmen, welche die sicher geglaubten Errungenschaften unserer Zivilisation bedrohen."
Mein nichtveröffentlichter Kommentar auf der HAV-Seite: Herta Müller hatte eine **„mutige Stimme gegen die kommunistische Diktatur in Rumänien"**. Ich (Banater Schwabe) weiß, dass sie 1983 für ihren Schmutzroman „Niederungen" über Banater Schwaben einen PREIS von DIESER Diktatur erhalten hat. Und das Zitat: **„ihre Stimme für Freiheit und Grundrechte erheben"**, klingt wie Hohn und Spott in meinen Ohren, wenn NIE ein Kritiker IHRER WERKE gehört oder gedruckt wurde. Und nicht zuletzt: **„wenn sich vor unserer Haustür Zustände auftürmen, welche die sicher ge-**

glaubten Errungenschaften unserer Zivilisation bedrohen" dann sehe ich DIESE PREISVERGABE als einen Teil einer solchen Bedrohung!!! Kritiker müssen schweigen! Hoch lebe Lug, Betrug und Heuchelei! Und vor der Nobelpreisvergabe an Herta Müller wurde auch KEIN EINZIGER KRITIKER GEHÖRT! Und so passt dann der Satz ganz genau: „wenn sich vor unserer Haustür Zustände auftürmen, welche die sicher geglaubten Errungenschaften unserer Zivilisation bedrohen." („Zeitlebens" steht bei Herta Müller für die Zeit nach 1987 – nach ihrer Umsiedlung in die B.R.Deutschland! Davor war sie Privilegierte des kommunistischen Systems, ihr Ehemann Richard Wagner sogar Mitglied der RKP – Rumänischen Kommunistischen Partei.)

Wowereit versagt Herta Müller die Ehrenbürgerwürde von Berlin Kommentar von Peter Hahne in der BamS (27.07.2014) (Bild am Sonntag)
Zitat: „Beim Streit um die Ehrenbürgerwürde für Herta Müller ist Berlin wieder dabei sich lächerlich zu machen... Bis heute schreibt sie gegen die Schreckensherrschaften kommunistischer Diktaturen an, die sie selbst erlebt hat. Im Kampf um die Rechte der Siebenbürger wurde sie vom rumänischen Ceauşescu-Regime gedemütigt und eingesperrt."
Meine nichtveröffentlichte Antwort: „Herta Müller ist und war weder eine Bürgerrechtlerin, noch schrieb sie immer gegen kommunistische Diktaturen an, noch kämpfte sie um die Rechte der Siebenbürger (sie ist eine Banaterin), noch war sie im kommunistischen Regime Rumäniens eingesperrt. Ganz im Gegenteil, sie bekam für ihr Hass- und Schmutzwerk „Niederungen" (in welchem sie ihre eigenen Landsleute - die Banater Schwaben - auf das Äußerste verleumdet und erniedrigt) sogar einen Preis vom Zentralkomitee der Rumänischen Kommunistischen Jugend und durfte, was andere nicht durften, während des „geschlossenen, eisernen Vorhangs" mehrmals ins Ausland (nach Deutschland), um ihr Werk vorzustellen."

An die Referenten der Tagung „Gegenwartsliteratur denken":
betr.: **Pressefreiheit, Meinungsfreiheit, Forschungsfreiheit und Künstlerfreiheit trotz Volksverhetzung**
hier: **Öffentlicher Brief an die Referenten der Tagung „Herta Müller – Gegenwartsliteratur denken" im Kloster Bronnbach, Februar 2015.**

Herta Müller war <u>nie eine Bürgerrechtlerin</u>, <u>nie eine Dissidentin</u>, sie war <u>keine Siebenbürgerin, sondern eine Banaterin</u>, schrieb <u>eher FÜR die kommunistischen Machthaber</u> (oder in deren Auftrag, Ausnahme „Atemschaukel", das war aber 2009, da war sie auch schon längst in Deutschland – seit 1987 – obwohl sie gar nicht ausreisen wollte, **sie hat es sogar während ihrer ersten Ehe veranlasst, ihren Ausreiseantrag zurückzuziehem, was zur Trennung führte**) und vor allem war sie <u>NIE eingesperrt</u> und wurde auch **nie von der Securitate ver-haftet**, wie in dem Bericht in der Zeit-Online (2009): „Die Securitate ist immer noch im Dienst". Diesen Bericht sehe ich eher noch als Drohung all jener gegenüber an, die ihre Werke kritisieren. Denn wenn Banater Schwaben das Wort „Securitate" hören/lesen/sehen, dann verstummen und verkriechen sie sich sofort: Und das mehr als 20 Jahre nach dem Fall Ceausescus. (Was doch eine „richtige Er-ziehung" alles bewirken kann!) Und <u>gedemütigt wurden eher die Banater Schwaben</u> durch ihr Werk „Niederungen", die sich gegen diese Infamie **nicht wehren dürfen**.

Literaturpreisvergabe an Herta Müller (Heinrich-Böll-Preis der Stadt Köln). Schreiben an den OB der Stadt Köln und gleichgeschaltete Medien (2016)
betr.: Preisverleihungen für Volksverhetzung von Minderheiten in der „neuen, deutschen" Literatur? Warum wird die Literatur ehemaliger Privilegierter aus dem Altkommunistischen Fan-Block, die die Opfer ehemaliger Ostdiktaturen verhöhnen und verspotten, heute mit Preisen belegt? Warum danken bei uns Bundespräsidenten ab, warum werden andere wieder „abgesägt", warum müssen manche Doktoren ihren Titel „zurückgeben" und warum bekommen Privilegierte menschenunwürdiger Regimes bei „UNS" trotzdem Literaturpreise?

Verwendete **Falschmeldungen** in den Medien (Einige Highlights aus den Lobgesängen):
„Die Jury lobte die ‚schonungslosen Schilderungen' ihrer rumänischen Heimat."
„Nach Schreib- und Publikationsverbot <u>floh</u> sie 1987 vor der Ceausescu-Diktatur nach Deutschland."
(Warum ist sie denn immer wieder in das Land ihrer Verfolger und Peiniger zurückgekehrt? Warum hat sie es veranlasst, sich von ihrem ersten Mann zu trennen, um in Rumänien bei ihren Peinigern

zu bleiben, nachdem dieser zusammen mit ihr den endgültigen Reisepass für Deutschland – 1979 – erhalten hatte?)
Kommunistische Diktatur als Lebensthema: „Ich habe mir das Thema nicht ausgesucht, sondern musste damit fertig werden". (**Das Werk „Atemschaukel" ist zum Großteil Oskar Pastiors Werk, er erzählte und sie schrieb – nach ihren eigenen Angaben – ganze Hefte voll.**)
„Doch selbst in der Bundesrepublik wurde sie noch eine Weile von den Agenten der Securitate, des Geheimdienstes des Ceausescu-Regimes, mit Todesdrohungen verfolgt." (Das waren wahrscheinlich wegen der „Niederungen" aufgebrachte Banater Schwaben!)

Hölderlin-Preis-Verleihung an Herta Müller durch die Uni und Stadt Tübingen/Schreiben an die Stadt Tübingen und an Herrn Prof. Jürgen Wertheimer und gleichgeschaltete Medien (2016)
Zitat: „Als Angehörige einer deutschen Minderheit in Rumänien aufgewachsen, thematisiert Herta Müller in ihren Texten ‚Erfahrung von Gewalt, Verlust der Würde und Heimatlosigkeit'... Sie war wiederholt Verleumdungen, Verhören und Hausdurchsuchungen ausgesetzt. 1987 reiste sie in die Bundesrepublik Deutschland aus... Ihr ‚Gefühl für Fremdheitserfahrungen' gilt als unbestechlich."
(Im Hinblick auf die „Niederungen" kann man nur den Verlust der Würde und die Verleumdung, ja sogar Volksverhetzung gegenüber ihrer Landsleute – den Banater Schwaben – anführen. Der Rest ist Selbstinszenierung zur Dissidentin.)

Sonst erfährt man dieselben Zitate, die schon vorhin aufgeschrieben wurden. **Noch zwei Bemerkungen**:
Welcher „Shitstorm" bricht heute über jemanden zusammen, wenn er etwas Negatives über Flüchtlinge sagt/schreibt – wenn er gerade mal als Rechtsextremist bezeichnet wird, kann er noch froh sein. Und was hat Herta Müller 1982/1984 mit ihren „Niederungen" gemacht? Ist das nicht dasselbe Problem? Nein? Sie darf das, weil sie Schriftstellerin ist und auf die Künstlerfreiheit pochen kann! Die „Niederungen" werden heute noch gedruckt – das Problem ist also nicht verjährt!

Und was heißt Diskriminierung? Wenn heute Kritiker protestieren, posten, Rezensionen verfassen oder die Medien anschreiben und Ihre Meinungen – die eigentlich oft nur Fakten sind – werden mit allen Mitteln unterdrückt, nicht veröffentlicht oder die ganz üble

Diskriminierung, keine Antwort bekommen! Auch eine Anspielung auf: „Er ist wohl der aus den meisten Blogs Ausgeschlossene." – Hinweis auf Carl Gibson, ein ehemaliger Inhaftierter der kommunistischen Diktatur und Herta-Müller-Kritiker, der heute auch „mundtot" gemacht werden muss!

Universität Jena verleiht <u>Sprachmagierin</u> Ehrendoktorwürde
Schreiben an Prof.-Doktoren und Medienvertretern (2017)

Meine Bemerkung: Die sprachlichen Erfindungen, die in den (west) deutschen Medien über Herta Müller kursieren, nehmen langsam „unglaubliche" Züge an. Der Begriff „Sprachmagierin" stellt dabei ein Novum, ein Unikum, der Gipfel der „literarischen Belobigungen" dar. Wenn Lügen, Betrügen, in die Irre führen eine besondere Fähigkeit mit Sprache umzugehen darstellt, dann passt das Wort „Sprachmagierin" hervorragend zu allem, was ich in den letzten 6 Jahren über Herta Müller gehört, gelesen und recherchiert habe.

Zweite Bemerkung: Ich kann nach mehreren Jahren Recherchen sagen, dass so mancher westliche Professor, der Herta Müller (und auch Catalin Dorian Florescu) mit Preisen und Belobigungen belegt oder regelrecht überhäuft, sein Tun und Handeln überdenken sollte, denn was über die beiden in der deutschen Medienlandschaft veröffentlicht wurde, <u>fast alles falsch</u> ist. Ich will Ihnen einige Zitate aus verschiedenen Publikationen, die heute in dieser Hinsicht so gleichgeschaltet sind, so dass sich Stasi und Securitate die „Finger abschlecken würden", kommentieren.

Zitat Thüringer Allgemeine: „Wie unsere Zeitung aus unterrichteten Kreisen erfuhr, haben die Jenaer Rumänisten den maßgeblichen Impuls für diese Auszeichnung gegeben. Denn Müller, 1953 in Nitzkydorf, <u>Siebenbürgen</u>, geboren, gehörte dort der deutschsprachigen Minderheit der Banater Schwaben an; 1987 übersiedelte sie nach massiven Repressionen durch das Ceausescu-Regime in die Bundesrepublik."
(Was im zweiten Satz stimmt: 1953, Nitzkydorf, Banater Schwaben, 1987 übersiedelt – ALLES ANDERE ist falsch.)
Zitat Thüringer Allgemeine: „Immer wieder finden sich in ihren Werken Sujets aus dem rustikalen familiären Umfeld, der dörflichen Existenz in Siebenbürgen und vor allem von der Unterdrückung unlieb-

samer Minderheiten in totalitären Strukturen. Zum Teil verarbeitet sie eigenes Erleben, in Atemschaukel."
[Als Banaterin (Westrumänien) beschreibt sie NIE die Unterdrückung (in „Niederungen" erfahren die Banater Schwaben gerade mal das Gegenteil) und das familiäre Umfeld in Siebenbürgen (Zentralrumänien) und in „Atemschaukel" verarbeitet sie auch NICHTS selbst erlebtes, denn die Geschichte gehört zu **Oskar Pastior (Siebenbürger Sachse, er wäre jener, der den Nobelpreis verdient hätte).**]

Zitat Thüringer Allgemeine: „Zart-fragile, durchdringende Stimme der Freiheit. Die ersten literarischen Texte veröffentlichte Müller – wenngleich zensiert – noch in Rumänien. Erst nach ihrer Ausreise ins deutsche Exil wurde sie einem größeren Leserkreis namhaft..."
[Die „durchdringende Stimme der Freiheit" ist absoluter Humbug! Herta Müller kam nicht ins deutsche Exil, sie ist gänzlich umgesiedelt, genau so, wie ihre Landsleute, die sie im Sinne der RKP (Rumänischen Kommunistischen Partei) in ihrem Erstlingswerk auf das Äußerste VERUNSTALTET. Und wegen der Zensur: Siehe dazu weiter unten: Die Aussage „Das Werk ‚Niederungen' ..."]

Was hat den Banater Schwaben in „Niederungen" **nicht gefallen?** War es nur die Geschichte mit dem „Schwäbischen Bad"?
Und der Rest der Erniedrigungen? Z.B. wird deren Lebensweise an einem wohl einzigartigen Beispiel im Banat – einer Familie (vielleicht hat sie aber so ihre eigene Familie erlebt und das verallgemeinert) die so nie im Banat anzutreffen war – derart übertrieben, dass eigentlich alle Deutschen Ämter, Verbände und Institutionen auf die Banater Schwaben – während der Freikaufphase 1969 bis 1989 – als ‚gefährliche Übeltäter' hätten aufmerksam werden müssen: das Jugendamt wegen Einprügeln auf Kinder, Frauenorganisationen wegen Diskriminierung und Erniedrigung der Frauen, Tierschutzorganisationen wegen Tierquälerei (z.B. den Hund mit dem Fuß getreten, bis er verendete, dem Kalb das Bein gebrochen, damit es notgeschlachtet werden konnte), der Drogenfahndung (weil ‚vermummte' Großmütter Mohnkuchen backten und auserwählte Banater Krähenmist als Droge nutzen), Polizei wegen gewalttätiger und besoffener Männer und Korruption, usw. Ganz zu schweigen von Fremdgehen, Inzucht und Dergleichen – einen Umstand, den man eher heute findet, damals aber für die katholischen Gläubigen Tabu war.

Herta Müller-Lesung: „Mein Vaterland war ein Apfelkern" (2017) Kulturpark AQUA MAGICA Bad Oeynhausen & Löhne, Theater Münster – Großes Haus, in Münster, Deutsches Auswanderer- haus, Bremerhaven/Schreiben an Moderatoren und Medien Mein Thema/MOTTO: „Wird die Lüge, die oft genug wiederholt wird, zur Wahrheit?"

Das kann nicht jeder verstehen, der in Deutschland aufgewachsen ist, und nie das „Glück" hatte, eine kommunistischen Diktatur wie jene in Rumänien oder in der ehemaligen DDR zu erleben. Da bildet Herr Wichner eine Ausnahme – aber er hat offensichtlich nicht alles mitbekommen, was so gelaufen ist (oder will er es nicht mitbe- kommen haben). So wird es einigen eben auch schwer fallen einzusehen, dass Herta Müller seit über 20 Jahren die Deutsche Öffentlichkeit belügt. (Wer auch immer die Infos verbreitet, seit 1984 gibt es eine Leuchtspur von Lügen, die in den Medien in Deutsch- land verbreitet werden. Manchmal ist die Phantasie der „Produ- zenten" grenzenlos.) Ich finde allerdings, dass das Buch von Herta Müller **„Mein Vaterland war ein Apfelkern" die Spitze dieser Lügengeschichten** darstellt. Wie es um diese Lügengeschichten bestellt ist, finden Sie in meinen kommentierten Veröffentlichungen im Anhang (Kurzinfo, siehe weiter oben). Weiter unten finden Sie auch eine Suite von Veröffentlichungen von Herta Müller in Rumä- nien in der „Neuen Literatur", aus einer Zeit, in welcher sie dort angeblich Publikationsverbot hatte – ja sogar Loblieder (1989) auf die Ceauşescus noch nach ihrer Ausreise (1987) aus Rumänien.

In ihrem Werk „Cristina und ihre Attrappe" behandelt Herta Müller ihre Securitate-Akte. Alle Personen zu welchen sie Kontakt hatte, haben irgendeinen Makel – nur sie selbst nicht. Die Secu-Akte ist entkernt, enthält nicht das, was sie erwartet hat, ja sie ist sogar **von der Securitate gefälscht.** Sie legt sich „die Wahrheit" so zu- recht, wie es ihr gerade passt. Keiner von unseren recherchier- freudigen Medienexperten kommt auf die Idee, das Ganze einmal zu überprüfen. **Nur was Herta Müller behauptet, zählt, die Meinung** (bzw. das Wissen) **aller anderen wird verschwiegen und ver- tuscht**, genau so wie im vor 25 Jahren untergegangenen Kommu- nismus. Das Rad der Geschichte dreht sich eben, oder?... Wieso sind unsere Medien heute besser? Das ist leserverachtende Volks- verdummung!

Die Aussage: „**Sie – Herta Müller – wurde verfolgt und mehrmals verhört**".
Diese Aussage kann man mehrmals in den Büchern „Mein Vaterland war ein Apfelkern" und „Cristina und ihre Attrappe", sowie in diversen Interviews lesen. In den beiden Büchern findet man keine einzige konkrete Aussage oder irgendeinen Hinweis dazu. Nur ein einziges Mal wäre es um Prostitution und 3 kg Kartoffeln gegangen, die auf dem Schwarzmarkt gekauft wurden. Sonst ist sie **schön gekleidet und geschminkt zum Verhör**. Man glaubt ihre eigene Behauptung, ohne sie irgendwie überprüfen zu können.

Seite 46 aus „Cristina und ihre Attrappe"
"CRISTINA este **contactata periodic** de Lt.col. Păduraru Nicolae, din cadrul Serv. I/A pentru **influentare pozitiva**."
„CRISTINA wird **periodisch** vom Oberstleutnant Păduraru Nicolae aus dem Bereich des I/A Dienstes für **positive Beeinflussung kontaktiert**."
Mein Kommentar: „von wegen Verhöre!... und Publikationsverbot nach 1982 oder 1984"!

Die Aussage: „Das Werk ‚Niederungen' erschien erst nach vier Jahren und war stark zensiert und danach hatte sie – Herta Müller – Publikationsverbot". (siehe Veröffentlichungen in der „Neuen Literatur") In den Publikationen in Deutscher Sprache („Neue Literatur") kann man genau nachweisen, dass viele Texte, die sich 1982 in „Niederungen" fanden, schon von 1979 bis 1981 vorab publiziert wurden. 1984 erschienen die „Niederungen" im Rotbuch-Verlag in Deutschland und hier fehlten GANZE VIER KAPITEL! **Wo wurde jetzt eigentlich zensiert**?
In Publikationen der deutschsprachigen Zeitschrift des Rumänischen Schriftstellerverbandes („Neue Literatur") kann man nachlesen, dass Herta Müller und ihr damaliger Gatte – Mitglied der Kommunistischen Partei Rumäniens – nach 1982 MUNTER WEITER PUBLIZIERT haben – und dass während des Publikationsverbotes? Im August 1985 haben Herta Müller zusammen mit ihrem damaligen Mann – Richard Wagner – 30% der Ausgabe dieser Zeitschrift mit Beschlag belegt. (Warum August? Am 23. August feierten die rumänischen Kommunisten den „Tag der Befreiung".). Herta Müller hat sogar noch im November 1989 (Ceauşescu wurde im Dezember

1989 gestürzt) ein Loblied auf die Ceauşescus in dieser Zeitschrift veröffentlicht – und da war sie schon länger als 2 Jahre lang Bundesbürgerin.

Zitate aus der „Neuen Literatur", November Nr. 11 1989, Seite 16/17 „Ein großes Haus" von Herta Müller (Herta Müller hat im März 1987 Rumänien endgültig verlassen und mehr als 2 Jahre später – November 1989 – dort immer noch veröffentlicht!!!)
»Die Putzfrau schüttelt den Staublappen durchs Fenster. Die Akazie ist gelb. Der alte Mann kehrt wie jeden Morgen den Gehsteig vor seinem Haus. Die Akazie bläst ihre Blätter in den Wind. Die Kinder haben ihre Falkenuniformen an. Gelbe Blusen und dunkelblaue Hosen und Faltenrocke. „Heute ist Mittwoch", denkt Amalie. „Heute ist Falkentag." Die Bausteine klappern. Die Kräne summen. Indianer marschieren in Kolonnen vor den kleinen Händen. Udo baut eine Fabrik. Die Puppen trinken Milch aus den Fingern der Mädchen. Anca hat eine heiße Stirn. Durch die Decke der Klasse klingt die Hymne. Auf dem Stockwerk darüber singt die große Gruppe. Die Bausteine liegen aufeinarider. Die Kräne schweigen. Die Indianerkolonne steht am Rand des Tisches. Die Fabrik hat kein Dach. Die Puppe mit dem langen Seidenkleid liegt auf dem Stuhl. Sie schläft. Sie hat ein rosiges Gesicht.«

»In unseren Häusern wohnen unser Vater und unsere Mutter. Sie sind unsere Eltern. Jedes Kind hat seine Eltern. So wie unser Vater in unserem Haus, in dem wir wohnen, der Vater ist, ist Genosse Nicolae Ceauşescu der Vater unseres Landes. Und so wie unsere Mutter im Haus, in dem wir wohnen, unsere Mutter ist, ist Genossin Elena Ceauşescu die Mutter unseres Landes. Genosse Nicolae Ceauşescu ist der Vater aller Kinder. Und Genossin Elena Ceauşescu ist die Mutter aller Kinder. Alle Kinder lieben den Genossen und die Genossin, weil sie ihre Eltern sind.«

MASSON-ROSENOW - LITERARISCHES-DUETT/Über den sich ausbreitenden Agrammatismus/Zitate.
„Hätten Sie und andere Experten für Literatur nicht so lange tatenlos zugesehen, wie wortgewordener Bockmist hier schon jahrelang als Feingebäck verkauft wird, so müssten wir Lieschen Müller hier und heute nicht als Lichtgestalt ertragen, als die sie in der Literaturszene nun schon länger herumgereicht wird. Ein Wort von Ihnen, zur

rechten Zeit ausgesprochen, hätte den Siegeszug dieser **agrammatischen Sprachakrobatin** stoppen können. Dieses Wort jedoch ist meines Wissens niemals gefallen."

Und über „Niederungen": „Die habe auch ich gelesen. Sie meinen doch sicher jene frühen Texte, die sozusagen aus der Dackelperspektive geschrieben sind, aus der Sicht des kleinen Mädchens, das sich am Knie des Vaters festhält. Da hatte man in der Tat den Eindruck, hier würde quasi auf Millimeterpapier in nicht ungeglückter Weise etwas eindrücklich Erfahrenes geschildert. Die Katastrophe begann erst, als Lieschen Müller sich anschickte, das Schreibmuster dieser frühen Versuche auf die Erwachsenensphäre zu übertragen."

Entschuldigen Sie, bitte, dass es so viel geworden ist.
Vielen Dank. Mit freundlichen Grüßen
Franz Balzer

Herta Müller in der Neuen Literatur 1980-1987/1989
(Widerlegt wird hiermit ihre Aussage, dass sie 1982 vier Jahre lang auf die Veröffentlichung der "Niederungen" hatte warten müssen (die Textfragmente wurden schon lange vorher in der NL gesammelt und veröffentlicht) und nach dem Veröffentlichen hatte sie Publikationsverbot - ganz im Gegenteil – sie hat nach 1982 munter und froh (manchmal auch auf Seite 3, wo sonst der Conducător veröffentlicht wurde) in der NL veröffentlicht – sogar 1989, als sie schon länger als 2 Jahre lang Bundesbürgerin war.

NL = Neue Literatur	NL-80-06-001	
Zweite Spalte = Jahrgang	80	1980
Dritte Spalte = Monat	06	Juni
Vierte Spalte = Seite/Seite	001	Seite 1

Index = Inhaltsverzeichnis enthält einen Titel zum genannten Autor

Konzept der „Neuen Literatur" Zeitschrift des Schriftstellerverbandes der Sozialistischen Republik Rumänien
Seite 1 – Inhaltsverzeichnis (Index)
Seite 2 – Inhaltsverzeichnis (Fortsetzung)
Seite 3 – Reserviert für „wichtige Dinge" des Conducătors Nicolae Ceaușescu oder wichtige kommunistische Ereignisse

NL-80-06-001-Index-HERTA MÜLLER. (Neue Lit., 1980, Monat: Juni, Seite: 1)
NL-80-06-004- HERTA MÜLLER-dt-Scheitel.(aus Niederungen, erschien 1982)
NL-80-06-006- HERTA MÜLLER-Grabrede. (aus Niederungen)
NL-80-06-008- HERTA MÜLLER-Grabrede. (aus Niederungen)
NL-80-06-010- HERTA MÜLLER-Familie-Froesche. (aus Niederungen)
NL-80-06-012- HERTA MÜLLER-Ueberlandbus. (aus Niederungen)
NL-80-06-014- HERTA MÜLLER-Blockkomitee. (aus Niederungen)
NL-80-06-016- HERTA MÜLLER-Blockkomitee. (aus Niederungen)

NL-80-12-001- -Index-ALLE (alle Mitglieder der Aktionsgruppe, auch Herta Müller)
NL-80-12-002- Ind-Richard Wagner.
NL-80-12-004- Berwanger.
NL-80-12-008- Berwanger, Lippet.
NL-80-12-010- Richard Wagner.

NL-80-12-020- HERTA MÜLLER - Dorfchronik. (aus Niederungen, erschien 1982)
NL-80-12-022 bis 026 HERTA MÜLLER Dorfchronik. (aus Niederungen)

NL-81-09-001- Index-HERTA MÜLLER-NB.
NL-81-09-022- HERTA MÜLLER-kurze-Prosa.
NL-81-09-024- HERTA MÜLLER-Prosa. (aus Niederungen)
NL-81-09-026- HERTA MÜLLER-Prosa.
NL-81-09-028- HERTA MÜLLER-Inge. (aus Niederungen, erschien erst 1982)
NL-81-09-030- HERTA MÜLLER-Inge. (aus Niederungen, erschien erst 1982)
NL-81-12-008 bis 012 Richard Wagner, HERTA MÜLLER-Inge.

**1982 Jahr des Erscheinens der „Niederungen" (Kriterion-Verlag)
(und darauf hat sie 4 Jahre gewartet oder daran gearbeitet)**

NL-82-06-002- HERTA MÜLLER-usw.
NL-82-06-044- HERTA MÜLLER-Hakenmann.
NL-82-06-046- HERTA MÜLLER-Taschenuhr.

NL-82-10-001- Index-Richard Wagner.
NL-83-03-001- Index-HERTA MÜLLER
NL-83-03-002- HERTA MÜLLER - Drückender Tango Seite: 003.
NL-83-03-004- HERTA MÜLLER. (Drückender Tango Kriterion-Verlag)
NL-83-03-006- HERTA MÜLLER. (angeblich schon Publikationsverbot)
NL-83-03-008- HERTA MÜLLER.
NL-83-03-010- HERTA MÜLLER.

NL-83-08-001- Index-HERTA MÜLLER
NL-83-08-006 bis 012 HERTA MÜLLER-Rote-Milch.
NL-83-08-014 bis 018 HERTA MÜLLER-Faule-Birnen.

NL-84-02-001- Index-HERTA MÜLLER- (Seite 3 = Ceauşescus Seite)
NL-84-02-003- HERTA MÜLLER-statt-Ceausescu
      (da wo Ceauşescu stand, steht jetzt Herta Müller)
NL-84-02-004 bis 012 HERTA MÜLLER.
NL-84-02-014- HERTA MÜLLER-Rotbuch.
      (Rotbuch-Verlag, Berlin druckt „Niederungen")

**Reisefreiheit für Herta Müller und Richard Wagner
aber auch (angeblich) Publikationsverbot (ein Widerspruch!!!)**

NL-84-09-001- Index-HERTA MÜLLER.
NL-84-09-003 bis 012 HERTA MÜLLER.

NL-85-01-001- Index-Wagner-Wichner.
      Wichner der literarische Schatten von HERTA MÜLLER
NL-85-01-039- Wichner. kam 1975 nach D, veröffentlicht 1985 in Rumänien
NL-85-01-040 bis 046 Ernest Wichner.
NL-85-01-092- HERTA MÜLLER - Preis für „Drückender Tango".

NL-85-05-002- Index-Richard Wagner.

HERTA MÜLLER und Richard Wagner belegen **30% der NL** zum
Tag der Befreiung 23.08.1985 (**trotz Publikationsverbots?...**)

NL-85-08-001- Index-HERTA MÜLLER-Richard Wagner.
NL-85-08-002- Richard Wagner und-HERTA MÜLLER
      (trotz angeblichen Publikationsverbotes???)
NL-85-08-012 bis 020 Richard Wagner-Tag der Befreiung/Nationalfeiertag
NL-85-08-020 bis 040 HERTA MÜLLER- Tag der Befreiung/Nationalfeiertag

Sept/Okt 1985 Ausreiseanträge von HERTA MÜLLER und Richard
Wagner
(in dieser Zeit wurden ALLE aus dem Arbeitsverhältnis entlassen!)
März 1987 Ausreise von HERTA MÜLLER und Richard Wagner aus Rumänien

NL-89-11-001-Index-HERTA MÜLLER
NL-89-11-016/017 HERTA MÜLLER-„Unser großes Haus"
      (Loblied auf die Ceausescus)

Bemerkung:
In den Links finden Sie die kompletten Beschreibungen und erklärenden Hinweise.

http://www.franz-balzer.de/HM-an-Prof-Wert-Tuebingen-A4.pdf
Oktober 2015 / betr. Lügen in den Medien

http://www.franz-balzer.de/HM-ZKM-FLYER-2.pdf
Februar 2016 betr: weltweiter Kampf für Meinungsfreiheit

http://www.franz-balzer.de/HM-in-Speyer-E-Mail-an-
Organisatoren-April-2017.pdf
betr. Lügen in den Medien

http://www.franz-balzer.de/HM-SPRACHMAGIERIN-Jena-
Ehrendoktorwuerde.pdf
Juni 2017/ betr. Lügen über Herta Müller

5.) http://www.triebswetter.de/roman-hm.htm
Zusammenfassung aller Kommentare zu veröffentlichten Falschmeldungen über Herta Müller in den deutschen Medien.

Wie die Banater Schwaben Herta Müllers „Niederungen" 1982/1984 sahen

Antwort an eine Banaterin, die die preisgekrönten Krixler „verherrlicht":

Weißt Du M., wenn Du keine andere Probleme hast, als die Literatur – dieser von Dir benannten prämierten Schriftsteller –, welche die Banater Schwaben in der ganzen Welt zum Gespött machen, erniedrigen und diskriminieren, dann solltest Du Dich mal ein wenig informieren. Hier hast Du einige Zitate, die nicht von mir stammen.

Banater Post, März 1984: Familien-Clan Ceauşescu. In Rumänien ist der 33jährige Sohn Nicu des Staats- und Parteichefs Nicolae Ceauşescu zum Ersten Sekretär des kommunistischen Jugendverbandes ernannt worden. Die Machtbasis des Familien-Clans Ceauşescu ist damit erneut erweitert worden. (Von diesem Gremium erhielt Herta Müller einen Literaturpreis für „Niederungen".)

Banater Post, November 1984: „Eine Apotheose des Hässlichen und Abstoßenden. Anmerkungen zu Herta Müllers „Niederungen". „Es ist für einen deutschen Autor aus Rumänien seit Ceauşescus Mini-kulturrevolution der frühen siebziger Jahre sehr schwer, schier unmöglich, im Westen etwas zu veröffentlichen [...] Am 24.5.81 veröffentlichte der NBZ-Kulturbote eine Kurzgeschichte der Preisträgerin unter der Überschrift „Das schwäbische Bad", die übrigens auch in den Band „Niederungen" aufgenommen wurde [...] Ein Sturm der Entrüstung fegte nach der Veröffentlichung über das schwäbische Banat. Die zweifellos auch literarisch leidgeprüften Banater Schwaben begehrten auf, lehnten die Verunglimpfung entschieden ab [...] Der Dankrede H. Müllers ist zu entnehmen: ... Die ständige Angst vor dem Assimiliertwerden des ‚kleinen Häufchens', wie sich die Schwaben so gern bezeichnen, ist nichts als eine Rechtfertigung für ihren ETHNOZENTRISMUS. Der Kult, den sie aus den IMAGINÄREN WERTEN ORDNUNG, FLEISS und SAUBERKEIT, Werte, die ihnen und nur ihnen zugeschrieben werden dürfen, ist nichts als eine fadenscheinige Rechtfertigung für ihre INTOLERANZ." (Welches sind dann die reellen Werte unserer Gesellschaft heute, die solchem

Nihilismus Preise vergibt: Lug, Betrug und Heuchelei? Ein Untertitel zu meinem Buch – ein Zufall?)

Und weiter über den Lektor des Rotbuch-Verlages (Berlin), in welchem 1984 die „Niederungen" veröffentlicht wurden: „Hätte nicht das ‚Kulturinstitut der BRD' (Goethe-Institut) in Bukarest Herrn Friedrich Christian DELIUS, der sich selbst als ‚freier MITARBEITER der KLASSENKÄMPFE' bekennt und als Schriftsteller Texte für Leute schreibt, ‚die bewusst oder weniger bewusst ein Interesse zur Veränderung im SINNE des SOZIALISMUS' haben (Delius über Delius in der NBZ vom 26.10.83).

Zusammenfassung: „Hauptthema von H. Müllers Erzählungen sind die Banater Schwaben und das schwäbische Dorf. Sie werden LITERARISCH DARGESTELLT beziehungsweise ENT-STELLT, sie werden literarisch GESTALTET beziehungsweise VERUNSTALTET. Dabei ist ihr jedes Mittel recht, kein Ausdrucksmittel zu vulgär. Sie verunglimpft ihre Landsleute, ihre Sippe, ihre nächsten Angehörigen. Sie schwelgt in der Darstellung des Hässlichen, des Abstoßenden, des Widerlichen und des Ekelerregenden – des Ekels schlechthin."
(Und ich ergänze jetzt. Wer so einem Werk Preise vergibt, hat einen ethnozentrischen, kulturellen, ekelerregenden, volksverhetzenden, rassistischen, geistigen Schaden.)

Aus der Erzählung „Meine Familie". Zitat: „ ... Mein Großvater hat den Hodenbruch. Mein Vater hat noch ein anderes Kind mit einer anderen Frau [...] die Leute sagen, dass ich [...] von einem anderen Mann bin [...] Die anderen Leute sagen, dass meine Mutter von einem anderen Mann ist und dass mein Onkel von einem anderen Mann ist, aber nicht von demselben anderen Mann, sondern von einem anderen [...] Mein Urgroßvater fuhr jahraus, jahrein jeden Samstag in eine kleine Stadt [...] Die Leute sagen, dass er sich in dieser kleinen Stadt mit einer anderen Frau abgab [...] sie konnte, [...] nicht anderes als eine Badhure sein..." (Um Inzucht geht es auch!)

Im gleichen Bericht geht es weiter mit: „Als Nebenthemen werden noch Tierquälerei, Kinderprügeln, Totenverachtung und anderes mehr behandelt. Immer wieder mit hässlichen, abstoßenden Details, rabulistisch beschrieben. Gelinde gesagt, Aneinanderreihungen von

Geschmacklosigkeiten, die der Menschenachtung und Menschenwürde hohnsprechen und die die **krankhafte Ablehnung, Verachtung und den Hass der Autorin gegenüber ihrer Familie und ihrem schwäbischen Volksstamm zum Ausdruck bringen.**"

Und der Banat-Experte C.F.Delius bringt es auf den Punkt: „Delius bewertet das Buch in seiner Spiegel-Rezension als "EIN MITREISSENDES LITERARISCHES MEISTERSTÜCK [...] Die Wertungskriterien, nach denen Delius sein Urteil fällt, verrät er uns selbst. Er erkennt aufgrund der Lektüre von H. Müllers Buch, ‚das deutsche Dorf, es ist, mit einem Wort, die Hölle auf Erden'. **Er hat das ‚grauenvolle Landleben der Banatschwaben' erfasst und schreibt dies nicht Ceauşescus Sozialismus, sondern einem Deutschtum zu,das allein auf den Sekundärtugenden Gehorsam, Ordnung, Sauberkeit, Fleiß, Frömmigkeit ... auf Deutschdünkelei, deutscher Inzucht ... beruht.**" (Und wo bleiben die Primärtugenden, Herr Delius?)

Noch ein bemerkenswertes Zitat: „Bemerkenswert ist an diesen Behauptungen die Unbekümmertheit (?!), mit der bundesdeutsche Rundfunksender solche Anschuldigungen unwidersprochen ausstrahlen, denn auch der Deutschlandfunk hat am 7.10.84, um 16 Uhr, ein Gespräch von Zenke mit H. Müller gesendet, in dem ähnliche Anschuldigungen ausgesprochen wurden."

Und so wurden damals die deutschen Leser und die deutsche Öffentlichkeit BELOGEN, und weil es so gut geklappt hat, wird es heute noch immer fortgesetzt. Gegendarstellungen sind nicht erwünscht – sie werden unterdrückt und verschwiegen, wie im Kommunismus.

Banater Post, Januar 1985 zu Herta Müllers „Niederungen"
Zitat: „Liebe Banater Post! Zwar bin ich Siebenbürger Sachse, habe aber verwandtschaftliche Bindungen zum Banat sowie recht viel Verständnis für schwäbische Belange und glaube daher, eine gewisse Berechtigung zu nachfolgender Stellungnahme zu haben. Am 8.12.85 übertrug das Fernsehen im dritten Programm (Sendung "Lesezeichen") ein Interview mit der Banater Schreiberin Herta Müller. Leider haben unsere Fernsehanstalten keine Leserrubrik, [...] Um so mehr sollten Darstellungen des Fernsehens, welche das Selbstverständnis – beispielsweise – ost- oder südostdeutscher

Volksgruppen **provozierend tangieren**, von der LANDSMANN-SCHAFTLICHEN Presse nicht UNWIDERSPROCHEN hingenommen werden. Es wurde aus dem Band ,Niederungen' vorgelesen – nicht viel, aber nichtssagend. Das Erscheinen dieses Bandes (in dem bezeichnenderweise „Rotbuch" benannten Verlag) wurde als literarisches Ereignis begrüßt. Die **Quintessenz der Autorin**: Die Banater Schwaben waren und sind (heute noch!) **faschistische Chauvinisten**. Dazu wurden Bilder gezeigt, welche das schwäbische Dorfleben bewusst verfremden: Klägliches Singen [...] dann eine jämmerliche, kleine Hütte, welche, alles andere als fürs Banater Ortsbild kennzeichnend, gewählt worden war – vielleicht steht so etwas im Bărăgan, wo die nach dem Krieg hinverschleppten Banater Schwaben ähnlich bescheiden anfangen mussten wie ihre Altvordern zu Mercys Zeiten..."

Ich könnte jetzt die Zitate aus dem Werk die „Securitate ist immer noch im Dienst" (wo sie sich als Dissidentin hochstilisiert), welches in der „Zeit" im Sommer 2009 – also im Vorfeld der Nobelpreisvergabe erschien, weiter beschreiben. Ich will nur zwei markante Zitate herausgreifen. Herta Müller beschreibt darin, wie sie von zwei Securisten „am Bahnhof Poiana Braşov in den Dreck" gestoßen wurde und denen gegenüber äußern konnte: „Ohne Haftbefehl gehe ich nicht mit". Einen Bahnhof Poiana Braşov gibt es aber nicht und die Securitate hat keinen Haftbefehl benötigt, um jemanden mitzunehmen. So etwas konnte sie eventuell Kumpels gegenüber äußern. Das ganze Sammelsurium an Ungereimtheiten aus diesem Bericht hat Carl Gibson in einem Buch zusammengefasst: „Ohne Haftbefehl gehe ich nicht mit". Dabei hat man ihm den Zugang zum Zeit-Forum (bei den Kommentaren) gesperrt. Freiheitlich, demokratische Meinungsfreiheit? Oder?...

Und 2011 kommt ein weiterer großer Autor, der dasselbe Thema beackert, wie Harte Müller, weil er auch einen Nobelpreis will, und beschreibt erneut die Banater Schwaben wie Herta Müller. Er war ja auch der Einzige, der mit PKW, Dachgepäckträger und Anhänger ERNEUT (also mehrmals) flüchten konnte und bekam seinen Pass sogar schon nach vier Tagen. **Und den beiden mit ihren Lügen liegen die „linksverbohrten" Medien zu Füßen und umschwirren sie wie die Eintagsfliegen die Straßenlaternen.**

Herta Müller hat schon einiges draufgesetzt. Aber C.D.Florescu packt noch einiges drauf: Originale Namen, Gestank nach Kot, Urin und dreckverkrusteten Füßen, unter der Strohdecke die eben so ÜBEL RIECHENDEN anderen finden, ständig Besoffene, Geburten auf dem Mist, Sex mit Minderjährigen, die Mutter ist eine Hure, ihre alte Heimat (Lothringen) mit Blut an den Händen verlassen und gleichzeitig Zivilisationsstifter von Triebswetter werden, Brandstiftung, Mörder, Geiselnehmer, Zigeunerjäger, Zigeunerhenker, Vergewaltiger... Hat er überhaupt etwas vergessen. Und das schreibt er über einen Landsmann von uns – einem Triebswetterer – und Triebswetterer (so wie fast alle anderen Banater Schwaben auch) verharren in Stille und Wehmut, verkriechen sich in eine Ecke (eine Ecke, in welche sie von den rassistisch veranlagten, volksverhetzenden Medien sowieso schon hineingestellt wurden – dafür hat ja schon Herta Müller gesorgt) und wagen es nicht dem Diskriminierungsstrom Einhalt zu gebieten. Und Du meinst doch: „Diese Seite sollte eine Plattform sein, wo die Triebswetterer sich austauschen können." Es fehlt aber GANZ und GÄNZLICH an SOLIDARITÄT!!! Hast Du schon mal den Hauptprotagonisten seines „preisgekrönten" Werkes und seine Familie gefragt, wie sie sich fühlen, was sie von dem „großen" Roman halten? Finden sie es TOLL, dass es Preise am laufenden Band gibt, dass weder sie noch sonst JEMAND eine Rezension absetzen darf, dass es aber gleichzeitig Banater Schwaben (und Schwäbinnen) gibt, die „HURRA" schreien (Werbung in ihrem Heimatbuch dafür machen – angestiftet von Triebswetterern) und sich für Preisvergaben einsetzen. Du hast auf dieser Triebswetterer Facebook-Seite auch schon Belobigungen für Herta Müller und C.D.Florescu ausgesprochen/geschrieben.

Und wie ist es mit: „Erinnerungen teilen, zu den Wurzeln, zum Dorf Bezug nehmen können"? Fehlanzeige. Da läuft nichts. Man mokiert sich nur, dass die beiden „armen" Schriftsteller mit einer Suite von Preisen trotzdem auf unserer Homepage kritisiert werden, wo doch die Vorstandschaft der Banater Landsmannschaft hier gerne Belobigungen sehen wollte.

„Mr kann joo nix mache!" Damit gebe ich mich nicht zufrieden und „grabe" alles aus, was man von den beiden Volksverhetzern finden kann. Und das ist bereits eine Menge.
http://www.triebswetter.de/roman-hm.htm

Ja, und das Securitate-Folter-Martyrium ist auch erfunden oder soll man dazu neuerlich sagen: fiktionalisierte oder virtuelle Wahrheit/Realität? Ich will nur mal kurz auf die Verhöre eingehen. Gerade in „Mein Vaterland war ein Apfelkern" beschreibt sie alles Mögliche, aber man kann nie konkret erfahren, was denn bei diesen Verhören genau passiert ist. Nur bei der Triennale in Bochum wird einmal geschrieben, dass es sich um Schwarzhandel und Prostitution handeln sollte. Also keine Verfolgung. Und sogar in ihrem Büchlein „Cristina und ihre Attrappe" Seite 46 gibt es einen Auszug aus einer Securitate-Akte, mit dem Inhalt: Zitat/Rumänisch: „CRISTINA este contactata periodic de Lt.col. PADURARU NICOLAE, din cadrul Serv. I/A pentru influentare pozitiva." Und Zitat/Deutsch: „CRISTINA wird periodisch vom Oberstleutnant PADURARU NICOLAE aus dem Bereich des I/A Dienstes für positive Beeinflussung kontaktiert." So war das also! Daher schreibt sie auch, dass sie zu den „Verhören geschminkt und schön angezogen" ging. Aber Herta Müller behauptet, dass diese Securitate-Akte gefälscht sei. **Warum sollte die Securitate diese Akte (für den eigenen Gebrauch) fälschen? Herta Müller schafft sich eben die EIGENEN Wahrheiten oder Realitäten.**

Zu ihrem Publikationsverbot. Hier gibt es eine ganze Liste von Veröffentlichungen – übrigens zusammen mit ihrem damaligen Mann, Richard Wagner, dem Mitglied der RKP (Rumänischen Kommunistischen Partei) in der deutschsprachigen Literaturzeitschrift „Neue Literatur" von 1980 bis 1989. Im August 1985 belegten beide 30% dieser 96-Seiten starken Ausgabe. Ist 1989 ein Fehler? Sie hat doch Rumänien März 1987 verlassen. Im November 1989 (also mehr als zwei Jahre nach ihrer Umsiedlung – **und sie wurde genau so, wie alle anderen Rumäniendeutschen freigekauft und ging weder ins Exil, noch musste sie von diesem „bösen" Ceau-şescu flüchten**) in der Zeit als die Berliner Mauer fiel, schrieb sie ein Lobgesang auf die Ceauşescus – Neue Literatur Nov.1989, Seite 16/17: „Unser großes Haus". Zitat „So wie unser Vater in unserem Haus, in dem wir wohnen, der Vater ist, ist Genosse Nicolae Ceauşescu der Vater unseres Landes. Und so wie unsere Mutter im Haus, in dem wir wohnen, unsere Mutter ist, ist Genossin Elena Ceauşescu die Mutter unseres Landes. Genosse Nicolae Ceauşescu ist der Vater aller Kinder. Und Genossin Elena Ceauşescu ist die Mutter aller Kinder. Alle Kinder lieben den Genossen und die

Genossin, weil sie ihre Eltern sind." (Diesen Text hat die Securitate Herta Müller wohl entrissen und ihn in Bukarest publiziert, um sie zu kompromittieren – ohne ihren Willen und ihr Wissen. Oder?)

Ein weiteres Zitat aus diesem hochdotierten literarischen Werk – typisch Herta Müller. Zitat: „Die Putzfrau schüttelt den Staublappen durchs Fenster. Die Akazie ist gelb. Der alte Mann kehrt wie jeden Morgen den Gehsteig vor seinem Haus. Die Akazie bläst ihre Blätter in den Wind. Die Kinder haben ihre Falkenuniformen an. Gelbe Blusen und dunkelblaue Hosen und Faltenrocke. ‚Heute ist Mittwoch', denkt Amalie. ‚Heute ist Falkentag'. Die Bausteine klappern. Die Kräne summen. Indianer marschieren in Kolonnen vor den kleinen Händen. Udo baut eine Fabrik. Die Puppen trinken Milch aus den Fingern der Mädchen." Würde man diesen Text mit der Sprache in „Atemschaukel" vergleichen, würde man sehr schnell feststellen, dass die „Atemschaukel" von jemand anderem – von Oskar Pastior - geschrieben wurde (siehe Seite 299, wo das auch zugegeben wird). **Daher kommen darin auch nur Siebenbürger Sachsen vor. Und wenn dann doch einmal Banater Schwaben erwähnt werden, dann sind es geistig Behinderte: Die Planton-Kati – die verrückte – aus dem Banat.**

betr.: Verleihung des Ovid-Preises
Preisträgerin: Herta Müller
Montag, 7. Mai 2018, 19 Uhr

Zitat: „Zum zweiten Mal verleiht das PEN-Zentrum deutschsprachiger Autoren im Ausland den OVID-Preis. In diesem Jahr wird die Literaturnobelpreisträgerin Herta Müller für ihr Lebenswerk ausgezeichnet. [...] Der OVID-Preis soll die in der Charta des Internationalen PEN niedergelegten Grundsätze fördern. Namensgeber ist der römische Dichter Ovid, der wegen seines literarischen Schaffens ins Exil ver-bannt wurde."

**Sehr geehrte Damen und Herren,
Organisatoren des Ovid-Preises,**

muss Ihnen gestehen, dass ich sehr erstaunt darüber bin, dass der Ovid-Preis in diesem Jahr an Herta Müller vergeben wird. Was mich daran stört? Warum heißt das „Ovid-Preis"? Hieß der gute Mann nicht „Ovidius"? Wurde er eigentlich gefragt, ob sein Name eingedeutscht werden darf? (Die Ungarn und Rumänen haben die Namen der Banater Schwaben – und Herta Müller gehört auch zu diesem deutschen Volksstamm – auch magyarisiert und rumänisiert[13], ohne die Menschen zu fragen, ob sie das wollen oder wünschen. So ist auch der Vorname Herta aus dem Rumänischen geblieben, obwohl man bei der Einreise nach Deutschland diesen orthographisch richtig – Hertha – hätte abändern lassen können.)

Auch die Aussage „verleiht das PEN-Zentrum deutschsprachigen Autoren im Ausland" stört mich ein wenig. Ich finde Herta Müller ist keine Autorin aus dem Ausland. Sie ist zwar in Rumänien geboren, deswegen aber keine Rumänin, denn in ihrer gesamten Vorfahrensriege befindet sich kein einziger Rumäne. Der römische Dichter Ovidius (Publius Ovidius Naso) wurde tatsächlich nach Tomis (heute Constanța/Rumänien) verbannt. Aber ob es wegen seines literarischen Schaffens war oder nicht, das ist eigentlich „ein wenig umstritten"[14].

---

[13] Nikolaus – Miklos – Nicolae/Franz – Ferenc – Francisc/Johann – Janos – Ioan/usw.

[14] https://link.springer.com/chapter/10.1007%2F978-3-476-05468-5_26

Und was hat Herta Müller damit zu tun? Sie wird für ihr Lebenswerk ausgezeichnet, weil sie wegen ihres literarischen Schaffens ins Exil verbannt wurde? Wenn man schon Herta Müller mit irgendwelchen literarischen Preisen beehren will, dann müsste man sich etwas anderes einfallen lassen. Aber was? Dissidentin, Bürgerrechtlerin und Oppositionelle im kommunistischen Regime Ceauşescus oder gar eine Sprachmagierin – was in „meiner Sprache" eigentlich Lügnerin bedeutet? Herta Müller belügt die deutsche Öffentlichkeit seit mehr als 30 Jahren, bzw. in den deutschen Medien werden Lügen über Herta Müller „am laufenden Band" produziert, sei es aus Unwissenheit, oder ist es volle Absicht (bezahlte Doktoren, bezahlte Journalisten oder bestellte Wikipedia-Einträge, die man nicht korrigieren kann/darf, auch wenn sie falsch sind, sind ja heute keine Seltenheit mehr).

Ich möchte Ihnen hier nur einige wenige Aussagen aus den Medien von und über Herta Müller widerlegen – alle kann ich leider nicht, denn es würde ein ganzes dickes Buch füllen. Und warum kann ich das? Ich bin auch Banater Schwabe, leider am falschen Ort (in Rumänien) geboren, habe dasselbe Gymnasium (dort Lyzeum) und dieselbe Universität (allerdings eine andere Fakultät) wie Herta Müller besucht. Ich bin also „im Bilde" mit den Vorkommnissen des kommunistischen Regimes aus Rumänien.

Wer nichts über die Existenz der Banater Schwaben weiß, sollte sich genauestens über deren Identität, Sitten und Bräuche informieren, um zu verstehen, welches Unrecht Herta Müller durch ihre Krixeleien[15] diesem deutschen Volksstamm, der von den rumänischen Kommunisten unterdrückt und wie Sklaven gehalten wurde, antut. Kurz gefasst erlitten die Banater Schwaben mehrere Unterdrückungsmaßnahmen nach dem Krieg durch die rumänischen Nationalkommunisten (jawohl Nationalisten und Kommunisten). Als Deutschstämmige wurden sie von Hitler mit in den Krieg hineingezogen, sowie auch die Rumänen, die anfangs Verbündete Hitlers waren. Die Rumänen wechselten die Fronten und die Deutschen Rumäniens (auch die Siebenbürger Sachsen) mussten flüchten. Zuerst wurden die Deutschen enteignet (Haus, Hof und Garten wechselten von einem auf den andern Tag den Besitzer – das „soziale Netz" war

---

[15] Krixeleien sind Schmierereien, Erstellen von „schmutzigen" Texten.

das Gefängnis), dann wurde ein Teil von ihnen (übrigens nach recht undurchsichtigen Kriterien) in die Sowjetunion verschleppt. Nachdem die Verschleppten aus der SU zurückkehrten, wurden halbe Banater Dörfer (Siebenbürger Sachsen blieben verschont) in einer Nacht und Nebel-Aktion in den Bărăgan deportiert (ein preisgekrönter Schweizer Schriftsteller mit rumänischen Wurzeln spottete: „Und wieder gründeten sie ein Dorf!"). Nach der Bărăgan-Deportation kam die Kollektivierung, was für die Leute aus den deutschsprachigen Dörfern wieder eine Enteignung war. Es folgten weitere Schikanen und Bespitzelungen durch den Geheimdienst. Bei fast allen entstand der Wunsch (Ausnahme Privilegierte und Kollaborateure), das kommunistische Land zu verlassen. Es gab auch Fälle, wo ähnlich wie an der deutsch-deutschen Grenze auf Republikflüchtlinge geschossen wurde. Zwischen 1969 und 1989 gab es dann eine geheime Aktion durch die Bundesregierung, wobei die Deutschen Rumäniens „freigekauft" (also wie moderne Sklaven des 20.Jhd) wurden.

Mitten in dieser Freikaufaktion platzte 1982 das Debütwerk Herta Müllers „Niederungen" in Rumänien in die Buchhandlungen und 1984 auch in Deutschland. In diesem Werk werden die Banater Schwaben literarisch entstellt und ihre Identität von Herta Müller verunstaltet. (Ich behaupte es war eine rassistische Volksverhetzung.) Die rumänischen Kommunisten wollten ihre Leute (die Rumäniendeutschen) nicht wegziehen lassen, denn sie sahen das als Nachteil für den Aufbau des (in ihren Augen doch so „glücklichen") Kommunismus. **Und Herta Müllers Prosawerk zielte genau auf diese Tatsachen ab: „Die Banater Schwaben im Ausland – also in Deutschland – schlecht zu reden/schreiben."** Und zwar genau im Sinne der RKP (Rumänische Kommunistische Partei) – und Herta Müller (sowie auch ihre Schriftstellerkollegen) tut so, als ob sie das nicht wusste. **Unter Banater Schwaben brach eine Empörung aus und (fast) alle kritisierten das Werk aufs Äußerste – es gab sogar Beschwerden bei der Securitate. Alle Kritiker dieses Werkes wurden von Herta Müller zu „Nazis" gestempelt. So dass, die deutschen Leser nie erfahren haben, was in diesem Werk tatsächlich drin steht.**

Herta Müller behauptete nun in Deutschland, dass sie für die Veröffentlichung des Prosawerks „Niederungen" vier Jahre hat warten müssen, das Werk wäre stark zensiert gewesen und im Rotbuch-Verlag (die Banater Schwaben sind vor den Kommunisten aus

Rumänien geflohen und bei den Berliner „Rotgardisten" gelandet) wäre es 1984 komplett erschienen und danach hätte sie in Rumänien Publikationsverbot gehabt.

Dieser Tatbestand ist falsch! In der Zeitschrift (Neue Literatur) des Rumänischen Schriftstellerverbandes kann man nachlesen, dass Herta Müller schon Fragmente aus „Niederungen" in den Jahren 1979, 1980, 1981 und 1982 veröffentlicht hatte. Und im Rotbuch-Verlag (Berlin) fehlten ganze vier Kapitel. Wo wurde zensiert in Berlin oder in Bukarest? (Wir müssen davon ausgehen, dass die bundesdeutschen Kommunisten einen noch besseren Kommunismus angestrebt haben, als es die rumänischen je gekonnt hätten – davor musste sogar die Securitate Angst haben.) Herta Müller hat in der „Neuen Literatur", die Zeitschrift des Schriftstellerverbandes des kommunistischen Rumäniens bis 1985 und danach noch im November 1989 fleißig veröffentlicht. So, dass die Aussage, dass sie Publikationsverbot hatte, auch FALSCH ist.

Vor wenigen Tagen erschien ein Bericht, in welchem die **Mitgliedschaft** Herta Müllers im **Rumänischen Schriftstellerverband** behandelt wurde. Herta Müller leugnete, dort jemals Mitglied gewesen zu sein. Das ist auch falsch! Wir haben einen von Herta Müller selbst handschriftlich gefertigten Antrag wegen Aufnahme in den Schriftstellerverband. Und es ist tatsächlich so, dass sie bis vor wenigen Tagen noch Mitglied war und jetzt erst rausgeworfen wurde, weil sie ihre Mitgliedsbeiträge nicht bezahlt hatte. Und wie ist das jetzt mit ihrer Verfolgung? Wenn sie wirklich so verfolgt gewesen wäre, wie sie angibt, dann wäre sie bei ihrer Ausreise nach Deutschland (März 1987) automatisch rausgeworfen worden (was offensichtlich nicht passiert ist).

Sie wurde verfolgt, drangsaliert, verhört und hatte Publikationsverbot. TOTAL FALSCH! Sie war – ganz im Gegenteil – eine Privilegierte des Systems und hat im Sinne der RKP und Securitate mitgearbeitet.

Für ihr Erstlingswerk „Niederungen" hat sie bei den Kommunisten zwei Literatur-Preise und in Deutschland (unter der glorreichen Hilfe der ZDF-Aspekte-Sendungen) drei solcher Preise bekommen und durfte – was kaum ein Banater Schwabe durfte – Deutschland vier Mal bereisen. Auslandsreisen wurden nur Privilegierten genehmigt.

=> 141 <=

Warum ist sie jedes Mal zurückgekehrt? („Das konnte sie der Securitate nicht antun" nicht zurückzukehren, sagte sie bei einer Lesung.)

Es kam zur Trennung von ihrem ersten Mann, weil sie ihren Ausreiseantrag (1979) zurückgezogen hat. Herta Müller ist bei ihren angeblichen Verfolgern und Peinigern in Rumänien geblieben. (Das hat sonst niemand gemacht – mir ist so etwas nicht bekannt, jeder Banater Schwabe oder Siebenbürger Sachse, der die Gelegenheit hatte – es gab ja auch Schmiergeldzahlungen – ist in Deutschland geblieben.)

Im August 1985 hat sie und ihr zweiter Ex – Richard Wagner, RKP-Mitglied, ein guter Kommunist aber ein noch gebildeterer Marxist[16] – 30% der Neuen Literatur belegt und das auch manchmal auf Seite 3 (drei), eine Seite , die für den großen Conducător reserviert war. Ich sehe da nichts von einem Publikationsverbot. Und der Hammer: Im November 1989 (Ceaușescu wurde im Dezember 1989 gestürzt) hat sie noch ein Loblied auf die Ceaușescus in der Neuen Literatur veröffentlicht – da war sie schon mehr als 2 Jahre Bundesbürgerin!?...

Alle literarischen Werke, die eine Kritik an rumänischen Kommunisten enthalten, entstanden nach März 1987. Das war der Zeitpunkt als Herta Müller und ihr zweiter Ex in Deutschland als Spätaussiedler (für sie wurde auch ein Freikaufpreis gezahlt) ankamen. **Und da sehe ich auch nichts mehr von einem „erzwungenen" Exil! Und erst recht nicht für ihre literarischen Werke.** Dass ihr aber noch immer einige wegen der „Niederungen" erbosten Banater Schwaben Ärger machten, liegt wohl auf der Hand. Das waren dann die „Securisten", die sie noch verfolgt haben. **Also finde ich den Ovid-Preis für Herta Müller nicht gerechtfertigt!**

Sie wurde mehrmals verhört! Was bei den Verhören geschah, weiß wohl nur sie allein. Sie gab aber an, dass sie geschminkt und schön gekleidet zu den Verhören ging, was für mich eher der Hinweis auf ein freundliches Treffen wäre. Ein Securitate-Offizier notierte: „Sie wurde mehrmals zwecks positiver Beeinflussung kontaktiert". Und das passte nicht ins Verhör-Konzept. Also hat sie verlautbart, dass die Securitate-Akte gefälscht sei. (Spekulation: Wenn der Offizier

---

[16] **Nur Marxisten und Kommunisten sind gebildet, allen anderen fehlt es an „Geist und Kultur"**

einen falschen Eintrag gemacht hat, dann stimmt wohl eher die Vermutung, dass es sich um ein „freundliches Treffen" gehandelt hat – das müsste der Offizier dann verheimlichen.)

Gehört die „Atemschaukel", das Nobelpreiswerk, auch zu ihren Werken? NEIN!
Die „Atemschaukel" ist das Werk von Oskar Pastior – er erzählte und sie schrieb mehre Hefte voll (siehe Seite 299). Obwohl das jeder lesen kann, gab es trotzdem einen Literatur-Nobelpreis dafür.

In den letzten Jahren gab es eine Suite von Falschmeldungen in den Medien (siehe weiter oben).
http://www.balzerfranz.de/HM-Presse-Medien-Falschmeldungen.pdf

Aber die Landsmannschaft der Banater Schwaben in München, die ist (HEUTE) stolz auf ihre Lügnerin und Plagiatorin, und kann nur „Gutes" von ihr veröffentlichen. Wer nicht in diesem Geiste wirkt, wird ausgegrenzt und bekommt Publikationsverbot. Was die „Banater Post" 1984 schrieb (als sie noch nicht von linken Geistern und Intellektuellen unterwandert war) finden Sie in der Zusammenfassung hier (siehe auch weiter oben):
http://www.balzerfranz.de/HM-TRW-Literatur-Facebook.pdf

Vielen Dank für die Aufmerksamkeit.
Mit freundlichen Grüßen.
Franz Balzer,
ein Banater Schwabe, der <u>einfach nur die Wahrheit</u> und Gerechtigkeit liebt. Es ist ungerecht allen anderen gegenüber, welchen dieser Preis vorenthalten wird. Das ist eine maßlose Ungerechtigkeit! Ich bin KEIN NAZI, KEIN KOZI[17], KEIN PEGIDA, USW

---

[17] Kommunist, der nicht erkannt hat, dass der Kommunismus in Europa passé ist

Abschließend:
Die von Herta Müller beschriebenen Vorkommnisse und Aktionen mit der Securitate, dem rumänischen Geheimdienst, stimmen natürlich in allen Einzelheiten. Aber man muss differenzieren und klar stellen. Das alles erlebten ihre Landsleute, die sie in „Niederungen" auf das Äußerste literarisch entstellte, weil sie die Freiheit suchten und nicht sie selbst. (Sie war eine Privilegierte des Systems!) Herta Müller stülpt deren Erfahrungen mit dem Geheimdienst über ihr eigenes Leben und stilisiert sich so zur Verfolgten und Dissidentin, was sie selbst nicht ist und nie war.

Herta Müllers Veröffentlichungen in der „Neuen Literatur" 1979 - 1989

NL = Neue Literatur / Zeitschrift des rum. Schriftstellerverbandes
HM = Herta Müller, RW = Richard Wagner, **001=Index/Inhalt**

NL-Jahr-Monat-Seite	Titel/Bemerkungen
NL-77-05-**003**	Rede Ceauşescus
NL-77-07-**003**	Beschluss der RKP
NL-77-08-**003**	23. August. Nationalfeiertag unseres Volkes
NL-79-04-**003**	Gerhard Ortinau / Unnachgiebige Geschichten
NL-79-05-014-025	**HM**: Seitengassen – Damals im Mai / Abziehbild / **Die Mäuse** / Die Lebenslinie / Seitengassen / Die Straßenkehrer / Der Mann mit der Zündholzschachtel (kommt in „Niederungen" vor – daran orientiert sich auch C.D.Florescu)
NL-79-12-001	Richard Wagner, Herta Müller, Rolf Michaelis, u.a.
NL-79-12-006-019	**HM**: Drei Geschichten – Der schwarze Kutscher / **Heini** / Großmutters Schlaf
NL-79-12-020-027	RW: noch eignest du dich nicht, usw.
NL-79-12-091 usw	Rolf Michaelis: Die Wahrheit unter dem Rock (Dokumentation über den „Hessischen Landboten")
NL-80-06-005-019	**HM**: **S 5-19** / Frösche und Perspektive (Kurzgeschichten) – Der deutsche **Scheitel** und der deutsche **Schnurrbart** / Die **Grabrede** / Meine **Familie** / Die **Frösche** / Der **Überlandbus** / Das **Blockkomitee**
NL-80-12-001	S:1 / Nikolaus Berwanger, Johann Lippet, Richard Wagner, Horst Samson, Herta Müller, Balthasar Waitz, Helmuth Frauendorfer, William Totok, Hans Mokka, Franz Schleich
NL-80-12-020-026	**HM**: **Dorfchronik** (alle fettgedruckten Titel gibt es 1982 in „Niederungen")
NL-81-02-003	Telegramm an Ceauşescu
NL-81-06-001	RW: S:3 / Lesestücke für kleine Leute, usw.
NL-81-09-001	Rede Nicolae Ceauşescu, Nikolaus Berwanger, Herta Müller
NL-81-09-023	HM: Kurze Prosa („Niederungen" war auch eine Prosa!) – Gerda und Gerhard Greger

NL-81-09-028-030	HM: **Inge**
NL-81-12-001	S:1 / Nikolaus Berwanger, Richard Wagner, Horst Samson, Herta Müller, Balthasar Waitz, Helmuth Frauendorfer, William Totok
NL-81-12-009-014	HM: **Das ist Inge** – Schulbankgesicht / Möbelstücke
NL-81-12-017	RW: Kauten
NL-82-02-001	RW: Festgemacht, usw.
März 1982	**„Niederungen" erscheinen im Kriterion-Verlag Bukarest.** Ein Banater Schwabe beklagt sich über die Verunglimpfungen bei der Securitate. (Im März 1983 legt die Securitate die Akte „Cristina" an)
NL-82-04-**003**	**S:3** Botschaft **Ceauşescus** an die NBZ
NL-82-06-045-053	HM: Hier steht mein Kopf im Licht / **Der Hakenmann**
NL-82-06-048-064	**Fehlende Seiten nach „Hakenmann":** Die Taschenuhr / Der Regen / In einem tiefen Sommer / Das Licht, das aus den Bäumen fällt (fehlen)
NL-82-07-**003**	Der II. Kongress für **politische Erziehung** und sozialistische Kultur
NL-83-02-**003**	**Grußbotschaft** an Nicolae Ceauşescu
NL-83-03-**003**-012	**S:3** HM: Mit Spießen und mit Stangen (kurze Prosa) – Drückender Tango / Die Stromuhr / Wer sein Teller nicht leer isst / Das Fenster Dreihundertneunundneunzig Jahre („Drückender Tango" erscheint erst 1984 beim Kriterion-Verlag Bukarest).
März 1983	Die Securitate legt die Akte „Cristina" an. Quelle: „Cristina und ihre Attrappe".
NL-83-04-015-020	RW: aber immer noch hier – Tagelied, usw.
Sommer 1983	HM bekommt Für ihre „Niederungen" vom Zentralkomitee der Jungkommunisten Rumäniens eines Literaturpreis für kommunistische Ethik.
NL-83-07-**003**	**S:3** Botschaft des Genossen Nicolae **Ceauşescu** an den Schriftsteller verband
NL-83-08-**003**-006	Denkwürdige Ereignisse / Arbeitsberatung von hoher politischer Bedeutung bei der NL

NL-83-08-**007**-020	HM: Jeder Mensch ist ein Mensch (kurze Prosa) – Rote Milch / Aufgewühlte Erde / Wenn ich den Fuß beweg / Eidechsen / Die Schachtel der Einsamkeit / Faule Birnen
NL-84-02-001	Herta Müller, Rolf Bossert
NL-84-02-**003**	**HM: S: 003**-015 (statt Ceauşescu) Die feinverzweigten Einsamkeiten – Pferdeköpfe / Drosselnacht / Die kleine Utopie vom Tod / Der Wolf im Berg (**Publikationsverbot**, oder in der NL an Stelle des Diktators?...)
März 1984	**HMs „Niederungen" erscheinen im Rotbuch-Verlag Berlin**
NL-84-10-**003**	Dem XIII. **Parteitag** der RKP entgegen / Loblieder
NL-85-01-001	Richard Wagner, Ernest Wichner (1975 nach Deutschland umgesiedelt)
NL-85-01-021-024	RW: Das Auge lacht, usw.
NL-85-01-039-057	Ernest Wichner: Homer, Odysseus...
NL-85-01-093	HM: Kulturspiegel, Bericht über den Preis für „Drückender Tango" (Erscheinungsjahr 1984, in der NL im März 1983: NL-83-03-**003**)
März 1985	Bericht (wegen „Niederungen") im **Neuen Weg: „Ein Buch und fünf Preise"** (da war sie angeblich verfolgt und hatte Publikationsverbot)
NL-85-08-001	Zum Tag der Befreiung, Richard Wagner, Herta Müller, Junge Autoren, u.a. Gerhardt Csejka.
NL-85-08-**003**-011	Zum **Tag der Befreiung** / Nationaltag der rum. Kommunisten
NL-85-08-012-020	RW: Was wollen die Leute
NL-85-08-**021**-**041**	**HM: Matthias** (HM und RW belegen zusammen **30% der NL**-Ausgabe)
Herbst 1985	HM und RW stellen Antrag auf gänzliche Ausreise aus Rumänien. In so einem Fall wurde alle aus dem Dienst entfernt (schon 1983 wurden Hunderte Lehrer entlassen), wurden arbeitslos und aufgefordert als Hilfsarbeiter zu arbeiten, weil Arbeitslose als Verbrecher angesehen wurden. (**HM und RW wurden nicht mehr veröffentlicht, denn**

=> 147 <=

	kein Redakteur hätte sich mit der Securitate anlegen wollen. Das waren aber nur 18 Monate und nicht mehrere Jahre!!!)
März 1987	**Ankunft von HM und RW in Deutschland** (als Aussiedler in Nürnberg – während der Freikaufphase 1969 - 1989)
NL-89-11-001	Rolf Bossert, Werner Söllner, Moser Rosenkranz, Ingmar Brantsch, Franz Hodjak, **Herta Müller, Richard Wagner**, u.a.
NL-89-11-016-017	HM: Ein großes Haus (Loblied auf die Ceauşescus – und da war HM schon mehr als zwei Jahre Bundesbürgerin)
Sommer 2009	Bericht in der Zeit „Die Securitate ist immer noch im Dienst" (sie streut eine Menge Lügen, die bis heute nicht berichtigt wurden und „katapultiert" sich zur Dissidentin und Exilantin, obwohl sie eine Privilegierte des Systems Ceauşescus war)
Dezember 2009	HM bekommt den **Nobelpreis** für die „Atemschaukel", zum größten Teil ein **Werk** des Siebenbürgers **Oskar Pastior**

Aus diesen Veröffentlichungen ist ersichtlich, dass sie vor März 1982 (als die „Niederungen" im Kriterion-Verlag in Bukarest veröffentlicht wurden) schon jede Menge Texte, die nachher in den „Niederungen" erschienen, veröffentlicht hatte. Sie hat nicht vier Jahre darauf gewartet, sie hat vier Jahre lang Kurzprosatexte gesammelt.

Weiter ist ersichtlich, dass sie nach dem Erscheinen der „Niederungen" im Rotbuch-Verlag Berlin in der „Neuern Literatur" eine Menge Texte veröffentlicht hat, obwohl sie angeblich Publikationsverbot hatte. Sie war sogar so privilegiert, dass sie auf Seite drei, der Seite des Conducătors, veröffentlichen durfte. Und darüber hinaus, konnte sie sogar nach ihrer Ausreise (1987) in der „Neuen Literatur" (1989) noch veröffentlichen.

> **Sie kam keineswegs wegen ihrer Verfolgung und erst recht nicht wegen ihrer Literatur ins EXIL nach Deutschland!**

Herta Müller - Übersicht – Medien - Exilmuseum
Wird eine Lüge, die nur oft genug wiederholt wird, zur Wahrheit?

Was stimmt über Herta Müller:

-sie gehört zum Volksstamm der Banater Schwaben;

-sie hat die Banater Schwaben mit ihrem Debütwerk „Niederungen" entwürdigt und zutiefst beleidigt (sie als Ethnozentriker, chauvinistische Faschisten und Nazis beschimpft);

-sie hat sich nie für die Freiheit der Banater Schwaben eingesetzt;

-sie hat auch nicht für die Rechte der Siebenbürger Sachsen gekämpft;

-sie hat auch, so lange sie in Rumänien lebte, nichts gegen die Diktatur geschrieben – sie war Privilegierte dieser Diktatur;

-sie war nie eingesperrt und wurde nicht verfolgt (Verfolgte saßen im Gefängnis);

-sie hat vier Westreisen machen können, um ihr Debütwerk in Deutschland vorzustellen;

-sie bekam literarische Preise für kommunistische Ethik (Verfolgte bekamen keine Preise);

-sie hat regelmäßig in der „Neuern Literatur" veröffentlicht – sowohl vor dem Erscheinen der „Niederungen" 1982 in Rumänien, als auch nach dem Erscheinen des Buches in Berlin 1984;

-sie hat auch regelmäßig in anderen deutschsprachigen Medien in Rumänien veröffentlicht;

-sie hatte kein Publikationsverbot während ihrer Rumänienzeit – sie durfte sogar auf der Seite des kommunistischen Führers in der „Neuen Literatur" (Seite 3) veröffentlichen;

-sie hat Rumänien im März 1987 verlassen, um nach Deutschland umzusiedeln (in so einem Fall hat man keine Texte mehr von ihr im Rumänien jener Zeit veröffentlicht – auch alle anderen Antragsteller wurden entlassen – als Arbeitsloser wurde man als Verbrecher angesehen);

-sie kam genauso wie ihre in „Niederungen" verunglimpften Landsleute – die Banater Schwaben – nach Deutschland und zwar nicht ins Exil, und erst Recht nicht wegen ihrer Literatur (bis dahin schrieb sie die „Niederungen" und „Drückender Tango", sowie massenweise Kurzprosatexte in der „Neuen Literatur" - ja, sie hat sogar noch in dieser Zeitschrift veröffentlicht, nachdem sie mehr als zwei Jahre lang Bundesbürgerin war);

-sie war eine Privilegierte des Systems mit Westreisen und regel-mäßigen Veröffentlichungen;
-Die Meinungen der Banater Schwaben über Herta Müllers Literatur und Vita werden im heutigen Deutschland in den Medien weitest-gehend ignoriert;
-usw.

Daher sind folgende Beiträge in deutschen Medien falsch und „aus der Luft" gegriffen, wenn sie auch regelmäßig und gleich-geschaltet, immer wieder abgedruckt werden:

-Bis heute schreibt sie gegen die Schreckensherrschaften kommu-nistischer Diktaturen an, die sie selbst erlebt hat. Im Kampf um die Rechte der Siebenbürger wurde sie vom rumänischen Ceauşescu-Regime gedemütigt und eingesperrt.
-Herta Müller hatte eine „mutige Stimme gegen die kommunistische Diktatur in Rumänien".
-Sie hat „ihre Stimme für Freiheit und Grundrechte erhoben".
-„Das schwäbische Bad beschreibt, wie sich eine Siebenbürger Großfamilie samt Gesinde einmal in der Woche die Badewanne teilt. Alle steigen sie nacheinander in dasselbe Wasser, das mit der Zeit immer trüber und schließlich schwarz wird." (Siebenbürger = falsch!)
-In ihrem Werk thematisiert Müller die Folgen der kommunistischen Diktatur in Rumänien.
-Nach Schreib- und Publikationsverbot floh sie 1987 vor der Ceau-şescu-Diktatur nach Deutschland.
-„Ich habe mir das Thema nicht ausgesucht, sondern musste damit fertig werden".
-Ihr Lebensthema ist die kommunistische Diktatur in Rumänien, die sie im März 1987 Richtung Westen verlassen hat. (Dieses Thema wurde erst nach 1987 aufgenommen.)
-Doch selbst in der Bundesrepublik wurde sie noch eine Weile von den Agenten der Securitate, des Geheimdienstes des Ceausescu-Regimes, mit Todesdrohungen verfolgt. (Das waren wahrscheinlich noch immer aufgebrachte Banater Schwaben wegen ihrer „Niede-rungen").
-„Die Jury lobte die ,schonungslosen Schilderungen' ihrer rumäni-schen Heimat." (Schonungslos wurden nur die Banater Schwaben beschrieben.)

-Sie ist eine Schriftstellerin, die zeitlebens eine mutige Stimme gegen die kommunistische Diktatur in ihrem Geburtsland Rumänien war (als Privilegierte?).

-Sie zeigt uns bis in die Gegenwart, dass es immer Literaten gibt, die ihre Stimme für Freiheit und Grundrechte erheben (ihre Landsleute wollten in die Freiheit – sie wollte bleiben).

-Sie ist Vorbild „wenn sich vor unserer Haustür Zustände auftürmen, welche die sicher geglaubten Errungenschaften unserer Zivilisation bedrohen." (Literaturpreise = Zustände.)

-„Als Angehörige einer deutschen Minderheit in Rumänien aufgewachsen, thematisiert Herta Müller in ihren Texten ‚Erfahrung von Gewalt, Verlust der Würde und Heimatlosigkeit'..." (Das haben ihre Landsleute alles in ihren „Niederungen" erlebt.)

-Sie war wiederholt Verleumdungen, Verhören und Hausdurchsuchungen ausgesetzt. 1987 reiste sie in die Bundesrepublik Deutschland aus... (Die Banater Schwaben, die von 1968 bis 1989 die Freiheit suchten, waren über ihre „Niederungen" 1982 empört.)

-Ihr ‚Gefühl für Fremdheitserfahrungen' gilt als unbestechlich.

-Herta Müller wird neben dem Dissidententum auch noch das Etikett „Der weltweite Kampf für freie Meinungsäußerung" angehängt. (Blödsinn: Die Banater Schwaben kämpfen seit 1982 für freie Meinungsäußerung, denn seither wird ihre Meinung massiv von den Medien unterdrückt.)

-Der Moderator spricht mit Herta Müller über diese eindringliche Lyrik, ABER AUCH über IHRE eigenen Werke, in denen sie sprachgewaltig die Schrecken des Totalitarismus beleuchtet. (Diese Schrecken hat eine Privilegierte nie erlebt.)

-ZKM Karlsruhe / Herta Müller / Der weltweite Kampf für freie Meinungsäußerung.

-Ihr Werk ist geprägt von ihren Erfahrungen im totalitären System des kommunistischen Ceaușescu-Regimes. (Diese Erfahrungen machten die wirklich unterdrückten: Banater Schwaben, die dann in „Niederungen" verunglimpft wurden.)

-Ihr erstes Buch »Niederungen« (1982) wurde nur nach längerem Zögern (siehe dazu Veröffentlichungen in der „Neuen Literatur") und starken Eingriffen der Zensur veröffentlicht. 1984 erschien es in veränderter Form auch in Deutschland (nur hier fehlten ganze vier Kapitel! Wo wurde zensiert?).

-Müller wurde mit einem Veröffentlichungsverbot belegt und stand immer wieder im Visier des rumänischen Geheimdiensts Securitate, bis sie 1987 nach West-Berlin ausreisen konnte. (Siehe dazu Veröffentlichungen in der „Neuen Literatur"!)

-Universität Jena verleiht Sprachmagierin Ehrendoktorwürde. (Sprachmagierin = Lügnerin?)

-Müller, 1953 in Nitzkydorf, Siebenbürgen, geboren, gehörte dort der deutschsprachigen Minderheit der Banater Schwaben an; 1987 übersiedelte sie nach massiven Repressionen durch das Ceauşescu-Regime in die Bundesrepublik. (Nitzkydorf liegt im Banat!)

-Herta Müller, die als scheu und zurückgezogen gilt, hat ihr Kommen bereits zugesagt. Die ehemals starke Szene der Jenaer DDR-Dissidenten kann sich darauf freuen. (... auch Scheindissidenten?)

-„Immer wieder finden sich in ihren Werken Sujets aus dem rustikalen familiären Umfeld, der dörflichen Existenz in Siebenbürgen und vor allem von der Unterdrückung unliebsamer Minderheiten in totalitären Strukturen. Zum Teil verarbeitet sie eigenes Erleben, in Atemschaukel." (Sie beschrieb die Banater Schwaben und die Geschichte in „Atemschaukel" hat Oskar Pastior erlebt!)

- Die ersten literarischen Texte veröffentlichte Müller – wenngleich zensiert – noch in Rumänien. Erst nach ihrer Ausreise ins deutsche Exil wurde sie einem größeren Leserkreis namhaft...

Warum hat Herta Müller ihren ersten Mann verlassen, nachdem sie den Ausreiseantrag zum gemeinsamen Verlassen Rumäniens (und Umsiedeln in die B.R.Deutschland) zurückzog? (Jeder, der zu jener Zeit die Gelegenheit hatte, hat das kommunistische Rumänien verlassen – legal oder illegal in den Augen der Machthaber! So mancher ist von einer Besuchsreise nicht zurückgekehrt – nur Herta Müller und Richard Wagner sind mindestens drei Mal zu ihren „Peinigern" und „Verfolgern" zurückgekehrt!)

Waren die DDR-Bürger – die Republikflüchtlinge, die an der deutsch-deutschen Grenze erschossen wurden, auch alle Nazis? Die wollten doch auch alle als Deutsche nach Westdeutschland. Warum wurden/werden dann die Banater Schwaben sowohl von Herta Müller (als auch von den rumänischen Kommunisten) als Nazis bezeichnet?

Die Aussage: „Sie – Herta Müller – wurde verfolgt und mehrmals verhört".

Diese Aussage kann man mehrmals in den Büchern „Mein Vaterland war ein Apfelkern" und „Cristina und ihre Attrappe", sowie in diversen Interviews lesen. In den beiden Büchern findet man keine einzige konkrete Aussage oder irgendeinen Hinweis darauf. Nur ein einziges Mal wäre es um Prostitution und 3 kg Kartoffeln gegangen, die auf dem Schwarzmarkt gekauft wurden. Sonst ist sie schön gekleidet und geschminkt zum Verhör. Man glaubt ihre eigene Behauptung, ohne sie irgendwie überprüfen zu können (oder zu wollen).

Seite 46 aus „Cristina und ihre Attrappe".

„CRISTINA este contactata periodic de Lt.col. Păduraru Nicolae, din cadrul Serv. I/A pentru influentare pozitivă."

„CRISTINA wird **periodisch** vom Oberstleutnant Păduraru Nicolae aus dem Bereich des I/A Dienstes **für positive Beeinflussung kontaktiert.**"

Mein Kommentar: „von wegen Verhöre!... und Publikationsverbot nach 1982 oder 1984"!

ZDF Aspekte 08.12.1984: Zitat Herta Müller (über die Banater Schwaben in ihrem Erstlingswerk „Niederungen"):
„Dann andererseits die Reaktion der Leser war – also ich hatte – mit der hatte ich auch gerechnet, und zwar, dass sie sich bloßgestellt fühlten, verleumdet fühlten, in ihrer, in ihrem Stolz in Anführungszeichen und Ehre und Deutschtum und in all ihren Sekundärtugenden – a – sich – a- vernarrt und – a – a – <u>bloßgestellt fühlten</u>, und da haben sie dann sehr – a – a – bitter reagiert, also sie haben auch anonyme Briefe geschrieben und gedroht und <u>eine Hetz-, Hetzjagd begonnen oder sie **hätten sie** gerne begonnen</u>. Das, was sich abgespielt hat, ist aber dann nur – a – bei den Drohungen geblieben, also zu Handgreiflichkeiten ist es noch nicht gekommen (unterdrücktes Lachen)."

Und Wortfetzen – Hasstiraden über Banater Schwaben: „...Schutz- und Trutzgemeinschaft in den Dörfern ... Faschismus ... ihre strengen Familiengesetze und <u>öffentlichen Meinungsvorstellungen</u> ... den Ethnozentrismus nicht überwunden ... in gewisser Weise ein Chauvinismus da." (Wer durfte schon in Rumänien seine „öffentliche Meinung" äußern – ohne ggf. ins Gefängnis zu landen? Nur Privilegierte!)

Das Nobelpreiswerk „Atemschaukel" ist das Werk eines Sieben-
bürger Sachsen: Oskar Pastior.
-„Der Roman ‚Atemschaukel' ist in doppelter Hinsicht autobiogra-
fisch. Denn Herta Müllers Mutter wurde nach 1945 in die Lager im
Osten verschleppt." (Warum hat sie nicht über ihre Mutter geschrieben?)
-„Und ihr Kollege Oskar Pastior hatte ihr in langen Gesprächen von
seinen eigenen Erfahrungen berichtet. Pastiors Sprachverdichtung
findet sich bei ihr wieder." Er hat erzählt und sie hat ganze Hefte voll
geschrieben.

Preisverleihungen für Volksverhetzung von Minderheiten in der
„neuen, deutschen" Literatur?
Warum wird die Literatur ehemaliger Privilegierter aus dem Alt-
kommunistischen Fan-Block, die die Opfer ehemaliger Ostdik-
taturen verhöhnen und verspotten, heute mit Preisen belegt?
Warum danken bei uns Bundespräsidenten ab, warum werden
andere wieder „abgesägt", warum müssen manche Doktoren
ihren Titel „zurückgeben" und warum bekommen Privilegierte
menschenunwürdiger Regimes bei „UNS" trotzdem Literatur-
preise?

»An alle mündigen Leser! Es wäre endlich mal an der Zeit, das
Getue um die Vita von Herta Müller zu beenden. Sie war keine
Dissidentin, keine Verfolgte, war nie eingekerkert, hatte wäh-
rend ihrer Zeit in Rumänien kein Publikationsverbot und kämpf-
te (literarisch) vor allem nicht gegen das Ceauşescu-Regime
(solange sie in Rumänien lebte). Daher ist es haarsträubend,
dass sie heute in die Reihe der Schriftsteller, die das Nazi-Reich
verlassen mussten, gesetzt wird. Dass sie sich mit den „Folgen
von Diktatur und Zwang auf die Menschen und ihre Identitäten
auseinandersetzte" ist hier zu bezweifeln. Sie war bis 1987 eine
Privilegierte des Regimes: Mehrere Westreisen während des
eisernen Vorhangs, Publikationen im Sinne der KP in der
„Neuen Literatur" am laufenden Band, Beschmutzung der Ehre,
Identität und Würde der eigenen Landsleute (Opfer der Kom-
munistischen Diktatur) in ihrem Werk „Niederungen" (1982), das
1983 vom Kommunistischen System sogar Preise für kommu-
nistische Ethik erhielt. Das Nobelpreis-Werk ist das Werk von
Oskar Pastior (siehe Seite 299). Und Herr Professor Wertheimer
(Vertreter der neuen, deutschen Literaturwissenschaften) weiß
das bereits alles seit Okt. 2015, wo er bei einer Preisverleihung

ebenfalls eine Laudatio hielt. Es kommt mir so vor, als würden hier Preise nach dem „kommunistischen" Beziehungsprinzip verteilt werden und die, die sie verdienen, gehen leer aus.«

Vielen Dank für die Aufmerksamkeit.
Mit freundlichen Grüßen.
Franz Balzer

PS:
Carl Gibson, ein ehemaliger politischer Häftling Ceaușescus, hat mehrere Bücher zu Herta Müllers Maskeraden geschrieben. Aber ein politisch Inhaftierter der Kommunisten darf im freien, demokratischen Deutschland seine Meinung nicht äußern?!...
(... weil hier mehr ideologieverbohrte Kommunisten herum laufen als in Rumänien!!!)

Herta Müller, Schirmherrin des Exilmuseums Berlin?

Herta Müller wird zur Schirmherrin des Exilmuseums in Berlin und kann sich so mit den Schriftstellern, die während der Nazi-Diktatur das Land verlassen mussten, gleichsetzen. Aber: Herta Müller war nie verfolgt, nie eingesperrt, hatte nie Publikationsverbot, ganz im Gegenteil, sie war eine Privilegierte des Ceaușescu-Regimes mit mehreren Westreisen und zahlreichen Publikationen – die im Sinne der KP geschrieben wurden (sonst wären die nicht veröffentlicht worden und sie hätte keine Preise für kommunistische Ethik dafür bekommen). Sie kam nicht ins Exil nach Deutschland – und erst recht nicht wegen ihrer Verfolgung oder Literatur (bis dahin hatte sie „Niederungen" und „Drückender Tango", sowie eine Menge Texte in der „Neuen Literatur" und anderen Medien veröffentlicht.)

Zu Niederungen: Wieso gibt es bei uns Preisverleihungen für Volksverhetzung von Minderheiten in der „neuen deutschen" Literatur? Warum wird die Literatur ehemaliger Privilegierter aus dem Altkommunistischen Fan-Block, die die Opfer ehemaliger Ostdiktaturen verhöhnen und verspotten, heute mit Preisen belegt? Warum danken bei uns Bundespräsidenten ab, warum werden andere wieder „abgesägt", warum müssen manche Doktoren ihren Titel „zurückgeben" und warum bekommen Privilegierte menschenunwürdiger Regimes bei „UNS" trotzdem Literaturpreise?
Herta Müller als Schirmherrin des Exilmuseums in Berlin?
Nein, Danke!

Sinsheimer Preis
Herta Müller ist nur ein großartiges Missverständnis:

Der Hermann-Sinsheimer-Preis an die Literaturnobelpreisträgerin Herta Müller, die bis zu ihrer Ausreise 1987 nach Deutschland die kommunistische Diktatur in Rumänien unter Nicolae Ceausescu miterleben musste, verschweigt, dass sie bis dahin – während ihrer zahlreichen Westreisen aus Rumänien (um im Westen Literaturpreise entgegen zu nehmen) – eben für dieses kommunistische Regime warb, weil es damit hinter dem eisernen Vorhang als liberal im Westen galt. Müller vergisst auch zu erwähnen, dass sie ihren ersten Ausreiseantrag (mit ihrem ersten Ehemann) in den Westen zurück zog, während zehntausende ihrer Rumäniendeutschen Landsleute aus dem kommunistischen System die Freiheit im Westen suchten. Erst später, als viele ihrer deutschsprachigen Leser aus Rumänien ausgereist waren, stellte sie zusammen mit ihrem zweiten Ehemann Richard Wagner erneut einen Ausreiseantrag. Müller veröffentlichte im kommunistischen System nachweislich in der in Bukarest erscheinenden Literaturzeitschrift „Neue Literatur" zahlreiche Publikationen und Texte, selbst dann noch, als ihr nach eigenen Angaben in Rumänien angeblich ein Schreibverbot auferlegt worden sein soll. Mit dem Hermann-Sinsheimer-Preis wird Müller „geadelt" indem sie in die Riege der Exilanten aufgenommen wird, die von dem Nazi-Regime flüchten mussten, doch Müller verschweigt auch, dass sie gerade in der kommunistischen Diktatur in Rumänien Staatspreise wie den UTC-Preis für „kommunistische Ethik" angenommen hat. Einige rumäniendeutsche Zeitgenossen betrachten Müller daher zu Recht als Privilegierte des kommunistischen Systems.

Die Stadt Freinsheim beschmutzt unwissentlich mit dem Preis an derartig Privilegierte das Andenken an tatsächliche Opfer der Diktaturen während Jürgen Wertheimer, Professor für Neuere Deutsche Literaturwissenschaften an der Universität Tübingen, der bereits zahlreiche Unterlagen zum Hintergrund der widersprüchlichen Vita der Autorin Herta Müller erhalten hat, dies möglicherweise vorsätzlich tut.
MfG. Balzer&Co

Herta Müller erschleicht sich Kogon-Preis

Die Literaturnobelpreisträgerin mit dem Eugen-Kogon-Preis zu ehren, verschleiert ihre tatsächliche Biographie im kommunistischen Rumänien bis zu ihrer Ausreise 1987.

Kogon war nie gezwungen im Ausland für die Nazi-Diktatur als liberales Regime zu werben, Müller tat dies für Rumänien. Während zehntausende Rumäniendeutsche das „Gefängnis" verlassen wollten und Ausreiseanträge stellten, nahm Müller in erster Ehe ihren Ausreiseantrag zurück. In zweiter Ehe mit dem Schriftsteller Richard Wagner, Mitglied der kommunistischen Partei, der nach eigenen Angaben den Marxismus „links überholen" wollte, gaukelten beide im Reisekader der kommunistischen Ceaușescu-Diktatur mit ihren Westreisen ein liberales Rumänien vor und konnten durch von sozialistischen Stellen finanzierten Staatsverlagen zahlreiche Bücher und Texte veröffentlichen.

In groß angelegten Zeitungsberichten berichteten beide in Rumänien von ihren Westreisen. Belohnt wurden beide durch Staatspreise, die sie in der kommunistischen Ceaușescu-Diktatur entgegen nahmen.

Später, nach 1987 setzte wohl ein Gesinnungswandel ein, doch ihre Landsleute sehen beide für ihren privilegierten Status im kommunistischen Rumänien als „Wendehälse" an, die ihre ethischen Fähnchen zu Karrierezwecken in den Wind hängen.

Zitat: „Ihr Werk zeugt von dem Versuch, die menschliche Würde auch in der Unfreiheit zu wahren. Inhalt und Sprache sind für die Schriftstellerin Instrumente des Widerstands."
[Wie würdelos wurden ihre Landsleute – die Banater Schwaben – in „Niederungen" beschrieben, die in den Jahren 1968 bis 1989 die Freiheit suchten und das kommunistische Land verließen, wobei sie gleichzeitig dort bleiben wollte? Welchen Widerstand hat sie geleistet, als sie den Preis für „kommunistische Ethik" von der kommunistischen Jugendorganisation Rumäniens (1983) für ihre „Niederungen" erhielt?]

Zitat: „Herta Müller hat aus eigener Lebenserfahrung gegen Unterdrückung und für den Widerstand geschrieben."

[Welche Lebenserfahrung gegen Unterdrückung hat sie wohl gemacht, als sie jahrelang in diversen rumäniendeutschen Publikationen (hauptsächlich in der „Neuen Literatur") veröffentlichen durfte (wobei sie angeblich Publikationsverbot hatte) und mit welchem Widerstand ist sie gegen ihre von der Securitate genehmigten „Westreisen" vorgegangen?]

Zitat aus der Laudatio von Dr. Ina Hartwig: „Die Unverzichtbarkeit von Schriftstellern liegt in ihrer Meisterschaft im Umgang mit Sprache begründet, nicht in ihrer Lebensgeschichte."
[Diese „Meisterschaft im Umgang mit Sprache" haben wir schon einmal bei der Verleihung der Ehrendoktorwürde für eine „Sprachmagierin" in Jena gelesen. Das heißt aber nicht, dass ein Schriftsteller, der es mit professionellem Sachverstand versteht, eine ganze Generation in Bezug auf seine Vita zu belügen, auch ständig Preise dafür bekommen soll. Und die „meisterliche Sprache" in der „Atemschaukel" ist dem Siebenbürger Sachsen Oskar Pastior zu verdanken.]

Mit freundlichen Grüßen.
Balzer&Co/ Rastatt

Herrn Mascolo und Rechercheverbund

betr.: Fehler zugeben und Falschmeldungen korrigieren;
Medien haben die Bedrohung ihrer Glaubwürdigkeit zu lange ignoriert;
Buch: Krieg der Worte / Fakt, Fake und die neue Macht der Lüge;
Bezug: Herta Müller in den Medien: Wird eine Lüge, die nur oft genug wiederholt wird, zur Wahrheit?

investigation@ndr.de
redaktion@sueddeutsche.de
ndr@ndr.de
redaktion@wdr.de

An Herrn Georg Mascolo
(Leiter des Rechercheverbundes)
und Mitglieder des Rechercheverbundes:
WDR, NDR, SZ

Habe aus diversen Veröffentlichungen, wie auch aus dem Fernsehen, von Ihrer gemeinsamen Tätigkeit im Rechercheverbund erfahren, was sie alles tun. Es ist bemerkenswert, dass Sie dazu beigetragen haben, dass die Panama-Papers veröffentlicht wurden. Und Sie, Herr Mascolo, habe ich schon öfters bei Talksendungen im Fernsehen gesehen und kann Ihnen bestätigen, dass Sie immer gute Beiträge gebracht haben.

Ich konnte im Internet auch einige Beiträge finden. Darunter die Vorstellung Ihres Buches „Krieg der Worte / Fakt, Fake und die neue Macht der Lüge" in der Eberhard Karls Universität Tübingen, wo auch der Tübinger SWR-Studioleiter Dr. Andreas Narr die Veranstaltung moderierte. [Was Andreas Narr angeht, könnte ich gerade mal behaupten, dass das eine riesige Heuchelei seinerseits ist, denn ich hatte ihn schon vor ein paar Jahren, wegen einer Hesse-Preisverleihung in Calw angeschrieben und meine Bedenken vorgetragen, aber von dem „großen" Herrn keine Antwort bekommen. Und der Schwarzwälder Bote jubelte damals: „Texte voller Sinnlichkeit, das Lesen bedeute ein Erkenntnisse förderndes Vergnügen". Was für ein Vergnügen überhaupt, wenn eine ehemalige Minderheit aus dem kommunistischen Rumänien von einem Autor (dessen Familie dort zu den Privilegierten des Regimes gehörte) ver-höhnt und verspottet wird, und dafür auch noch einen Preis erhält. Die Antwort des SchwaBo blieb ebenfalls aus.]

Des Weiteren stehen Sie für „Nicht-Wissen könne auch eine Tugend sein. Ebenso wichtig sei es, Fehler zuzugeben und Falschmeldungen zu korrigieren. Denn wer Fehler zugebe, gewinne an Glaubwürdigkeit." Für Sie, Herr Mascolo, ist klar: „Wir haben die Bedrohung unserer Glaubwürdigkeit zu lange ignoriert." Sie und Ihr Rechercheverbund sorgen durch tief-gründige Geschichten immer wieder für Schlagzeilen. „Dieser Verbund ist bundesweit einmalig und ein wichtiges Signal in Zeiten des bedrohten Qualitätsjournalismus." Hut ab, machen Sie weiter so und lassen Sie sich nicht beirren. Meiden Sie aber jegliche ideologische Verblendung, denn die kann nur schaden und nur in das Desaster führen, aus welchem Sie eigentlich raus kommen wollen. [Ich schreibe Ihnen diese Zeilen, weil ich schon etliche Ihrer Kollegen – meist aus Kulturredaktionen – angeschrieben habe, die auf literarische Werke Loblieder geschrieben haben, die aus meiner Sicht eher einer rassistischen Volksverhetzung zuzuordnen sind. Keine Antwort! Kein Kommentar! Das heißt für mich Diskriminierung pur und ganz viel „Dreck am Stecken" was die Berichterstattung angeht. Ich sage aber nicht „Lügenpresse" dazu, sondern: **leserverachtende, volksverdummende Pressefuzzis**.]

Eine Talkrunde, an welcher Sie auch teilgenommen haben, bei welcher A. Gauland vorgeführt wurde, habe ich auch gesehen. Ich bin weder AfD-Mitglied, noch AfD-Wähler und muss doch jedes Mal feststellen, dass die AfD-Vertreter fast nie zu Wort kommen dürfen, sie werden von den anderen – meist aus dem linken Spektrum – immer an der Aussprache gehindert. Manche verhalten sich wie kleine 10-jährige Bübchen, die ihre Kollegen gerade mal kräftig mobben. Gerade bei dieser Talkshow fielen mir Ziemjak und A.K. Göring wie ehemalige Nazi- oder Kozi[(1)]-Offiziere bei ihrem regelrechten „Geschrei" (welches ich nur aus Filmen kenne) gegenüber A.Gauland auf. Bei diesem Verhalten werden nur noch mehr Wähler für die AfD angeheuert. Auch das Prophezeien von Gewaltakten hilft nicht, denn in letzter Zeit konnte man sehen, dass nie ein AfDler eine Gewalttat verübt hat, denn immer waren die Gewalttätigkeiten gegen die AfD gewandt.

Was in Chemnitz tatsächlich geschah, ist mir heute immer noch ein Rätsel. Kretschmer behauptete, es gab keine Hetze. Maaßen behauptete, es gab keine Hetze. Merkel und Nahles behaupteten, es gab eine Hetze. Schulz sagte in einer Talkshow beinahe wörtlich: „Maaßen musste gehen, weil er nicht das sagte, was Merkel wollte." **Es wäre eine Möglichkeit für Sie, das wirklich mal aufzuklären.** Denn was mich bei den Berichterstattungen störte, war die Tatsache, dass sie immer „von links" kam und dass man jedes Mal diese Karl-Marx-Statue zeigte. Sind wir heute näher am Kommunismus, als wir jemals waren? Das würde diese verlogenen Berichterstattungen erklären. (Denn die Nazis haben genau so wie die Kozis (altkommunistische Kotzbrocken) gelogen, dass die „Balken sich bogen". Was bei uns noch dazu kommt: es wird verniedlicht, vertuscht, verheimlicht, gefiltert, verdreht und verschwiegen.)

Ich will Ihnen nun an einem Satz, den ich bei einer Kommentatorin eines die Banater Schwaben diskriminierenden Romans fand, erklären, wie das ist (und wenn man weiß, worum es geht, was man dabei empfinden muss...).
„Der Roman endet mit der Deportation junger rumänischer Männer nach Sibirien."
Richtig wäre der Satz aber so: „Der Roman endet mit der Deportation der Banater Schwaben bewacht durch junge rumänische Männer mit aufgepflanzten Bajonetten in den Bărăgan".
Wenn Sie das richtig gelesen haben, dann müssten Sie feststellen, dass die Rolle der Deportierten verdreht wurde und das Verwechseln von Bărăgan mit Sibirien stellt bloß eine deutliche Unwissenheit dar. Aber das ist heute die Berichterstattung der deutschen Medien über die Banater Schwaben, eine unterdrückte Minderheit aus dem kommunistischen Rumänien Ceausescus.

Die deutliche Unwissenheit kann man auch bei der medialen Berichterstattung über die Nobelpreisträgerin Herta Müller feststellen. Ihr Lebenslauf ist von vorn bis hinten erlogen.

Daher meine Frage an alle Journalisten, die je etwas über Herta Müller geschrieben haben: Wird eine Lüge, die nur oft genug wiederholt wird, zur Wahrheit?

<u>**Sie haben bei diesem Thema, die Möglichkeit monatelang zu recherchieren, was der Wahrheit entspricht und was gelogen ist**</u>. Wenn das nicht von Ihrem Tätigkeitsfeld abgedeckt wird, dann leiten Sie es doch, bitte, Ihren Kollegen weiter. Ich habe mindestens 30-40 Redaktionen angeschrieben: allgemeines Schweigen – aber weiter lügen...
http://www.balzerfranz.de/HM-Presse-Medien-Falschmeldungen.pdf

Warum ich das alles weiß? Ich habe fast 30 Jahre lang den Kommunismus am eigenen Leibe erlebt und weiß also genau, was dort geschehen ist, und was dort möglich war. Ich habe auch Zeitschriften aus der damaligen Zeit durchgeblättert und habe Werke gefunden, die in jener Zeit veröffentlicht wurden, als sie angeblich Publikationsverbot hatte. Sie bezichtigte alle ihre Kritiker als „Nazis" (das ist übelste Verleumdung und hässliche Pauschalisierung), einen Umstand, der nur von Kozis aufgenommen werden konnte. Sie beschreibt, dass sie von der Securitate (dem rum. Geheimdienst) verfolgt und verhört worden wäre. Die Repressionen der Securitate den Rumäniendeutschen gegenüber stimmen schon für ihre Landsleute, die sie (genau so wie die rumänischen Altkommunisten und Securitate) als Nazis bezeichnet aber NICHT FÜR SIE SELBST. Sie selbst war nie verhaftet, wurde nie verprügelt, hatte nie Publikationsverbot und hat solange sie in Rumänien lebte, keine Literatur gegen den Diktator geschrieben, das kam erst nach 1987, nachdem sie nach Deutschland ausgewandert war. Sie war Privilegierte des Systems, konnte Westreisen unternehmen und ist jedes Mal zu ihren angeblichen Verfolgern und Peinigern zurückgekehrt, sie hatte kein Publikationsverbot, sie bekam sogar Preise vom Zentralkomitee der kommunistischen Jugend und konnte regelmäßig in der „Neuen Literatur" (der Zeitschrift der Deutschen aus dem kommunistischen Rumänien) und anderen Zeitungen und Zeitschriften veröffentlichen – manchmal auch auf Seite 3 – eine Seite, die gewöhnlich dem Conducator vorbehalten war. (Näheres finden Sie im oben genannten Link.)

<u>Und die „Atemschaukel", das Nobelpreiswerk? Das ist das Werk von Oskar Pastior</u>! Das kann man sogar im Buch auf Seite

299 (sinngemäß) lesen: „Er hat erzählt und sie hat ganze Hefte voll geschrieben."

Herta Müller und die Banater Schwaben
(Warum darf die deutsche Öffentlichkeit nicht alles wissen?)

Die Banater Schwaben und Siebenbürger Sachsen gehören/ gehörten zu der deutschen Minderheit in Rumänien. Das Banat liegt (in der Ebene) in Westrumänien, während Siebenbürgen (im Bergland) in Zentralrumänien liegt. Beide Volksstämme wurden nach dem Zweiten Weltkrieg verfolgt und deportiert. Sie wurden auch noch lange danach als Nazis beschimpft. Wohl auch aus dem Grund konnte man sie zwanglos und beliebig enteignen und deportieren.

So kam es in den 1960er Jahren zu einem allgemeinen Drang der Rumäniendeutschen das Land zu verlassen. Das galt sowohl für die Banater Schwaben (die auch noch zusätzlich eine Bărăgan-Deportation über sich ergehen lassen mussten), wie auch für die Siebenbürger Sachsen. In den Jahren 1968 bis 1989 gab es geheim-gehaltene Absprachen zwischen der Bundesrepublik und Rumänien, um die Rumäniendeutschen umzusiedeln (Familienzusammen-führung). Natürlich wurde ein Freikaufpreis für die Ausreisewilligen seitens der Bundesrepublik dafür bezahlt. (Darüber gab es Beiträge im deutschen Fernsehen, z.B.: Teurer Freikauf. Über diese Tätigkei-ten berichtet Dr.H.D.Hüsch – der damalige Verhandlungsführer – in seinem Buch „Wege in die Freiheit").

Die Banater Aktionsgruppe (deren Mitglieder fast alle in der RKP waren) und Herta Müller waren mit dieser Umsiedlungswelle nicht einverstanden und verhielten sich so, als ob sie im Auftrage der RKP (Rumänischen Kommunistischen Partei) handeln würden, die es nicht gerne sahen, dass die Menschen vor dem Kommunismus geflohen sind. Das war ja in der ehemaligen DDR auch so (hatten da nicht eine Menge Leute ihr Leben gelassen, weil sie vom „glorrei-chen Kommunismus" fliehen wollten. Die Banater Schwaben, die den „glücklichen" Kommunismus verlassen wollten, wurden aber von Herta Müller zu „Nazis gemacht"!). Und Politiker linker Parteien sahen es auch nicht gerne, dass ihre „kommunistischen Freunde" Rückschläge im „glücklichen Aufbau des Kommunismus" erleiden mussten. Die Aktionsgruppe stellte ähnliche Forderungen, was die

Aufbereitung der Nazizeit angeht, wie die 68er. Nur – sie hatten übersehen, dass die Rumäniendeutschen ihren Tribut schon bezahlt hatten: Enteignung, Deportationen, Bespitzelungen, Einschränkung sämtlicher Freiheiten, usw.

Nun kam 1982 (Mitten in der Freikaufaktion) in Rumänien das Erstlingswerk Herta Müllers „Niederungen" heraus (allgemeine Beschreibung weiter unten). Es sollte die Identität der Banater Schwaben in ihren Grundfesten niederschlagen und in der Bundesrepublik lächerlich machen – im Grundgesetzt steht dafür Volksverhetzung. Die Erstausgabe war angeblich zensiert und sie hatte vier Jahre lang darauf warten müssen (in der „Neuen Literatur" kann man etwas anderes nachweisen – siehe Link weiter oben). 1984 brachte genau der „Rotbuch-Verlag" (Westberlin) die „Niederungen erneut heraus, aber darin fehlten ganze vier Kapitel.
Hier wurde aber NICHT zensiert!!!

Sie gab im Westen an, dass sie verfolgt und verhört wurde und Publikationsverbot hatte. Das kann man alles widerlegen (siehe obigen Link).

1987 konnte sie zusammen mit ihrem zweiten Ex[3] – Richard Wagner - im Rahmen der Freikaufaktion nach Deutschland umsiedeln. Erst ab hier konnte sie es sich leisten gegen den bösen Diktator zu schreiben, bis dahin war sie aber Privilegierte des Systems.

Bei der Freikaufaktion, die weitläufig geheim ablief kam es auch zu Schmiergeldzahlungen. [Komischerweise hatte die rumänische Regierung unter Ceausescu gerade im Herbst des Jahres 1982 das Dekret 402 herausgebracht und von den ausreisewilligen Akademikern das Schulgeld in Devisen, die ein rumänischer Staatsbürger jener Zeit NICHT HABEN durfte, zurückverlangt, was zu Zahlungen von etlichen Zahntausend DM führte.] Es kam sozusagen zu einer Komplizenschaft zwischen Täter und Opfer, so dass dadurch (vermutlich) auch einige Personen nach Deutschland kamen, die nicht unbedingt die „Freunde" der Banater Schwaben waren. Und ganz sicher wurden auch einige „geschickt". Schließlich verließen auch 3 Millionen Originalrumänen das Land, deren Aktivitäten man „von Zuhause aus" genau beobachten musste. Von solchen Personen muss man heute erwarten, dass sie danach bestrebt sind die Banater Schwaben noch immer schlecht zu reden, was dazu führt, dass sie die verunglimpfende Schundliteratur mit Lobgesängen huldigen und sich wie gewissenlose Fanatiker verhalten.

„**SPIEGEL**: Frau Müller, vor allem Ihr erstes Buch ‚Niederungen' zeigt, dass Sie nicht nur unter der staatlichen Repression[2], sondern vielleicht noch unmittelbarer unter der engstirnigen, beschränkten, oft reaktionären Mentalität der deutschen Minderheit gelitten haben. Waren Sie in einem doppelten Sinn heimatlos?"

MÜLLER: **Ja, genau diese muffige spießige Provinzialität hat mir den Hass eingegeben, mit dem ich die „Niederungen" schreiben konnte."**

Zitat Carl Gibson: „Das ist der Original-Ton einer wahrhaftigen Hasspredigerin, die den ideologisch fixierten Vorgaben der SPIEGEL-Redakteure willig folgt, einer Tendenz, die vom SED-Blatt des Kommunisten Erich Honecker ‚Neues Deutschland' nicht mehr zu überbieten gewesen wäre." [...] „Herta Müller ist uneinsichtig und bleibt bei ihrer Hetzbotschaft.
Da diese Wahrheit nicht an den Tag durfte, behindert durch undemokratische Machtausübung, durch Lug und Trug und Täuschung, darüber hinaus auch noch durch moralisch verwerfliche Druckausübung auf Aufklärer und ihre Medien, steht für mich fest, dass die Hasspredigerin Herta Müller ihren Nobelpreis nicht aufrichtig erworben, sondern verlogen ergaunert hat".
(Vergl. dazu auch „Die Securitate ist immer noch im Dienst")

Banater Post, November 1984: „Eine Apotheose des Hässlichen und Abstoßenden. Anmerkungen zu Herta Müllers "Niederungen". [...] Am 24.5.81 veröffentlichte der NBZ-Kulturbote eine Kurzgeschichte der Preisträgerin unter der Überschrift "Das schwäbische Bad", die übrigens auch in den Band "Niederungen" aufgenommen wurde [...] **Ein Sturm der Entrüstung fegte nach der Veröffentlichung über das schwäbische Banat.** Die zweifellos auch literarisch leidgeprüften Banater Schwaben begehrten auf, lehnten die Verunglimpfung entschieden ab [...] Und weiter über den Lektor des Rotbuch-Verlages (Berlin), in welchem 1984 die „Niederungen" veröffentlicht wurden.[...] Herr Friedrich Christian DELIUS, der sich selbst als ‚freier MITARBEITER der KLASSENKÄMPFE' bekennt und als Schriftsteller Texte für Leute schreibt, ‚die bewusst oder weniger bewusst ein Interesse zur Veränderung im SINNE des SOZIALISMUS' haben."

Zusammenfassung: „Hauptthema von H. Müllers Erzählungen sind die Banater Schwaben und das schwäbische Dorf. Sie werden LITERARISCH DARGESTELLT beziehungs-weise ENTSTELLT, sie werden literarisch GESTALTET beziehungsweise VERUNSTALTET. Dabei ist ihr jedes Mittel recht, kein Ausdrucksmittel zu vulgär. Sie verunglimpft ihre Landsleute, ihre Sippe, ihre nächsten Angehörigen. Sie schwelgt in der Darstellung des Hässlichen, des Abstoßenden, des Widerlichen und des Ekelerregenden - des Ekels schlechthin." **Und ich ergänze jetzt. Wer so einem Werk Preise vergibt, hat einen ethnozentrischen, kulturellen, EKELERREGENDEN, volksverhetzenden, rassistischen, GEISTIGEN SCHADEN.**

Aus der Erzählung „Meine Familie". Zitat: „ ... Mein Großvater hat den Hodenbruch. Mein Vater hat noch ein anderes Kind mit einer anderen Frau [...] die Leute sagen, dass ich [...] von einem anderen Mann bin [...] Die anderen Leute sagen, dass meine Mutter von einem anderen Mann ist und dass mein Onkel von einem anderen Mann ist, aber nicht von demselben anderen Mann, sondern von einem anderen [...] Mein Urgroßvater fuhr jahraus, jahrein jeden Samstag in eine kleine Stadt [...] Die Leute sagen, dass er sich in dieser kleinen Stadt mit einer anderen Frau abgab [...] sie konnte, [...] nicht anderes als eine Badhure sein... " (**Um Inzucht geht es auch! Und das soll– laut Herta Müller - überall im Banat so gewesen sein! Das ist doch Pauschalisierung, von welcher man doch so ungern hören möchte!**)

Und der Banat-Experte C.F.Delius bringt es auf den Punkt: „Delius bewertet das Buch in seiner bereits erwähnten Spiegel-Rezension als "EIN MITREISSENDES LITERARISCHES MEISTERSTÜCK [...] Die Wertungskriterien, nach denen Delius sein Urteil fällt, verrät er uns selbst. Er erkennt aufgrund der Lektüre von H. Müllers Buch, ‚das deutsche Dorf, es ist, mit einem Wort, die Hölle auf Erden'. Er hat das ‚grauenvolle Landleben der Banatschwaben' erfasst und schreibt dies NICHT Ceausescus Sozialismus, sondern einem Deutschtum zu,das allein auf den Sekundärtugenden Gehorsam, Ordnung, Sauberkeit, Fleiß, Frömmigkeit. . . auf Deutschdünkelei, deutscher Inzucht ... beruht.".

Und so wurden damals die deutschen Leser und die deutsche Öffentlichkeit BELOGEN, und weil es so gut geklappt hat, wird es heute noch immer fortgesetzt. **Gegendarstellungen sind nicht erwünscht – sie werden unterdrückt und verschwiegen, wie im Kommunismus.**

Preisverleihungen für Volksverhetzung von Minderheiten in der „neuen deutschen" Literatur?
Warum wird die Literatur ehemaliger Privilegierter aus dem Altkommunistischen Fan-Block, die die Opfer ehemaliger Ostdiktaturen verhöhnen und verspotten, heute mit Preisen belegt? Warum danken bei uns Bundespräsidenten ab, warum werden andere wieder „abgesägt", warum müssen manche Doktoren ihren Titel "zurückgeben" und warum bekommen Privilegierte menschenunwürdiger Regimes bei „UNS" trotz-dem Literaturpreise?

Das Gedicht. Der Jargon. Die Legitimation.
Banater Post 15.06.2015
Zitat Richard Wagner: „Wir waren links und in unseren eigenen Augen, wenn nicht die besseren Kommunisten. dann doch die gebildeteren Marxisten... Eine maximale Provokation für unsere Landsleute, deren Dorfkultur und Folklore wir wenig abgewinnen konnten." **(Der erste Hinweis darauf, dass die Landsleute, die in den 70er und 80er Jahren die Freiheit suchten, nicht beliebt waren – das waren sie auch nicht bei den kommunistischen Machthabern in Rumänien. Sie verachten die Dorfkultur und Folklore, kommen aber alle aus diesem Milieu!)**
Zitat Richard Wagner: „Wir hatten uns die Mundart zum Feind Nummer eins erkoren. Für uns war Mundart identisch mit Provinz." (Auch Ablehnung und Verachtung.)
Zitat Richard Wagner: „Die wohl steilste These, die damals einschlägig ersonnen wurde, war, Herta Müllers .'Niederungen' seien im Auftrag der ‚ZK-Propaganda-Abteilung' verfasst worden. Und das alles bloß wegen des schwäbischen Bads, einer knappen Seite Text, der die Sauberkeit der Landsleute satirisch zugespitzt in Frage stellte." (Das war leider nicht alles! Und wie war es mit der zweiten knappen Seite Text über ihren ‚gewalttätigen', besoffenen Nazi-Vater, wobei sie alle banatschwäbischen Kritiker zu Nazis machte – und die werden heute noch immer so behandelt – wohl das Ergebnis der Volksverhetzung? Und der Rest der Erniedri-

gungen? Z.B. wird deren Lebensweise an einem wohl einzigartigen Beispiel im Banat – einer Familie die so nie im Banat anzutreffen war - derart übertrieben, dass eigentlich alle Deutschen Ämter, Verbände und Institutionen auf die Banater Schwaben – während der Freikaufphase - als ‚gefährliche Übeltäter' hätten aufmerksam werden müssen: das Jugendamt wegen Einprügeln auf Kinder, Frauenorganisationen wegen Diskriminierung und Erniedrigung der Frauen, Tierschutzorganisationen wegen Tierquälerei (z.B. den Hund mit dem Fuß getreten, bis er verendete, dem Kalb das Bein abgehackt, damit es notgeschlachtet werden konnte), der Drogenfahndung (weil ‚vermummte' Großmütter Mohnkuchen backten und auserwählte Banater Krähenmist als Droge nutzen), Polizei wegen gewalttätiger und besoffener Männer und Korruption, usw. Dieselben Interessen hatten auch die auserwählten Mitglieder der RKP – Rumänischen Kommunistischen Partei – die es nicht gerne sahen, dass alle Deutschen das Land verlassen wollten, und ebenfalls alle kollektiv als Nazis oder Hitleristen beschimpften.)

Woran kann man erkennen, dass hier explizit „Nazis" beschrieben wurden?

Alle Banater Schwaben, welche diese Beschreibungen kritisierten, wurden von Herta Müller als „Nazis" verunglimpft. Das hat den Banater Schwaben in „Niederungen" nicht gefallen! Es war nicht nur die Geschichte mit dem „Schwäbischen Bad"!

Die ACHSE DES GUTEN von Richard Wagner 21.10.2010

Die Gibsons oder Die Banater Schwaben, ihre selbst-ernannten Sprecher und unser Zwei-Fronten-Krieg (... ihre selbsternannten Sprecher? Brauch man denn hier eine Partei, die einem das Denken und Sprechen abnimmt, oder ist nicht jeder mündig genug, seine eigene Meinung ohne Vorgekautes, zu äußern? Der Beweis für eine RKP-Mitgliedschaft, die er leugnet.)

Zitat Richard Wagner: „Meine Landsleute, die Banater Schwaben, waren immer schon dafür bekannt, dass sie sich mehr dem Haben zuneigten als dem Sein. Deswegen ist auch nicht viel übrig von einer eventuellen geistigen Disputation, die ihre und meine Geschichte hätte begleiten können. .... Um es kurz zu machen, am Kommunismus störte sie nicht die eingeschränkte Freiheit, sondern die Enteignung. (Weiß jemand von den Lesern hier, was Enteignung bedeutet? Die banatschwäbischen Bauern arbeiteten oft so lange es hell war, kehrten am Abend zurück und versorgten auch noch das Vieh. Sie hatten kein Wochenende und keine Ferien und schufen sich etwas Eigentum (*diese verhassten Streber!*): ein Haus, landwirtschaftliche Geräte, Pferde, Wagen, Garten, usw. und **eines Tages kamen** „bauernschlaue" **Kommunisten**, stellten sich in die Tür und sagten: „**Ab morgen gehört das alles mir**". Und die Begründung muss wohl die **Ausbeutung** der Kommunisten **durch die Banater Schwaben** gewesen sein, weswegen die dann noch in die Bărăgan-Steppe deportiert wurden, wo sie wieder so frei waren, dass sie sich Hütten bauen durften, während sie gleichzeitig von den Machthabern unter den dortigen Einheimischen als Verbrecher bezeichnet wurden!)

Zitat Richard Wagner: „Wahr ist, dass das <u>Privateigentum eine Voraussetzung</u> für die individuelle Freiheit darstellt, aber wahr ist auch, <u>dass die Freiheit eines geistigen Horizonts bedarf</u>."

(Offensichtlich haben manche Banater Schwaben die Anspielungen der „geistigen Disputation" und die „des geistigen Horizonts" und dass das Privateigentum – dessen die Altkommunisten sie entledigt hatten, wohl unter dem Applaus einiger Banater Dichter und Denker wie Herta Müller und Richard Wagner - die Voraussetzung für Freiheit war, total und ganz übersehen. Die Empörung ist ausgeblieben. Nach dem Motto: Man kann ja nichts machen! Der Leser möge hier an die Beschimpfung „Nazis" durch Herta Müller denken!)

Und über Carl Gibson?

Zitat Richard Wagner: „Gibson hält wahrscheinlich einen einzigartigen Rekord im heutigen Deutschland. Er ist wohl der aus den meisten Blogs Ausgeschlossene." (Und auch das ist das Ergebnis des imaginären Paktes zwischen den ehe-maligen Altkommunisten aus dem Ceausescu-Fan-Block und den „unfehlbaren" 68ern, damals vom KGB unterwandert, heute die Vorkämpfer für die Meinungsfreiheit, aber nicht für Carl Gibson, sondern für sich selbst. <u>Warum darf ein von der Ceausescu-Diktatur Inhaftierter und Gefolterter in einem freien demokratischen Land seine Meinung nicht äußern?</u>)

Herta Müller und ihr damaliger Ehemann Richard Wagner kamen nicht ins Exil. Sie kamen im Zuge der Freikaufzahlungen, so dass ein Exil – und erst recht nicht wegen ihrer Literatur (für welche sie bei den Kommunisten Literaturpreise erhielt) ENTFÄLLT. Daher versteht so mancher Banater Schwabe heute nicht, warum sie als „Schirmherrin" eines Exilmuseums eingesetzt wurde. Wird jetzt ihr „angebliches, erschlichenes" Exil auch noch mit jenen verglichen, die während der Nazizeit Deutschland verlassen mussten? Das wäre doch etwas übel!!!

Falls Sie noch zusätzliche Informationen benötigen, können Sie mich jederzeit kontaktieren.
Viel Spaß beim Recherchieren.

Vielen Dank.
Mit freundlichen Grüßen.
Franz Balzer

----

(1) Kozi = Kommunisten und Kommunismusverehrer, die heute noch nicht mitbekommen haben, dass die kommunistischen Diktaturen (zumindest in Europa) untergegangen sind.

(2) Die staatliche Repression bestand darin, dass sie für die „Niederungen" in Rumänien zwei und im freien Deutschland drei literarische Preise erhalten hat. Verfolgte bekamen von den Kommunisten weder Preise, noch durften sie mehrfach Westreisen unternehmen.

(3) Als sie und ihr erster Ex 1979 die Ausreisepapiere für Deutschland erhielten, kam es zur Trennung, weil Herta Müller nicht nach Deutschland umsiedeln wollte. Sie blieb also freiwillig bei ihren (angeblichen) Verfolgern und Peinigern.

Weitere Links:

http://www.balzerfranz.de/HM-SPRACHMAGIERIN-Jena-Ehrendoktorwuerde.pdf

http://www.balzerfranz.de/HM-ZKM-FLYER-2.pdf (Writers for Freedom-Karlsruhe)

http://www.balzerfranz.de/HM-Meistermann-Preis-2016-Wittlich.pdf (an Martin Schulz)

http://www.balzerfranz.de/HM-Stuttgarter-Gespraech-2018.pdf (Instrumentalisierung von Studenten durch Stuttg.Zeitung und Robert-Bosch-Stiftung)

http://www.balzerfranz.de/HM-Uni-Jena-20-Juni-2017-von-E-Anton.pdf

http://www.balzerfranz.de/HM-Carl-Gibsons-Buecher.pdf

Donauschwabendenkmal Ulm an der Donau.
Die Banater Schwaben sind ein Teil dieser
Donauschwaben.

Interview: Herta Müller im „Spiegel"

„SPIEGEL: Frau Müller, vor allem Ihr erstes Buch ‚Niederungen' zeigt, dass Sie nicht nur unter der staatlichen Repression, sondern vielleicht noch unmittelbarer unter der engstirnigen, <u>beschränkten</u>, <u>oft reaktionären Mentalität</u> der deutschen Minderheit <u>gelitten</u> haben. Waren Sie in einem doppelten Sinn heimatlos?"

MÜLLER: „Ja, genau diese muffige spießige Provinzialität hat mir den Hass eingegeben, mit dem ich die ‚Niederungen' schreiben konnte."

Zur Trilogie:
Banater Schwaben und ihre Diskriminierung

BoD Books on Demand
978-3-7386084-5-8

Franz Balzer

Gehört Verleumdung zum Brauchtum der Banater Schwaben?

Was ist gesellschaftlicher Wandel: Lug, Betrug und Heuchelei?

Ist der Medienbeitrag zum „großen" Roman „Jacob beschließt zu lieben" Fiktion oder Volksverdummung?

Karikatur: Michael Blümel
Malerei, Illustration, Buchobjekte,
Buchgestaltung, Grafikdesign
http://www.michael-bluemel.de/

Stefan Jäger Bilder: Hilfswerk der Banater Schwaben
http://www.hilfswerk-der-banater-schwaben.de

Bilder vom Kirchturm in Triebswetter: Helmut Domele

BoD Books on Demand
978-3-7494312-3-68

Franz Balzer

Der Extremist

Meinungsfreiheit oder Mediendiktatur?

Eine Literatur-, Medien- und Gesellschaftskritik

Klappentext

Die Banater Schwaben wurden in der „guten, neuen, deutschen" Literatur in ihrer Identität regelrecht verstümmelt dargestellt. So kann man über sie nachlesen, dass sie dem Ethnozentrismus und der Intoleranz versessen sind. Für sie zählen nur die imaginären Werte: Ordnung, Fleiß und Sauberkeit, wobei ihnen die reellen Werte „unserer modernen" Gesellschaftsordnung fehlen: Lug, Betrug und Heuchelei (und wer da nicht „mitmacht", wird diskriminiert und ausgegrenzt). Daher werden die Banater Schwaben von Literaturexperten „literarisch dargestellt" oder entstellt, sie und ihre Lebensweise wird „literarisch gestaltet" oder verunstaltet. Die geschmacklose Darstellung des Hässlichen, Abstoßenden, Widerlichen und Ekelerregenden über Banater Schwaben (die vor dem Kommunismus geflohen sind) wird von „Literaturexperten" (die sich für Veränderungen im Sinne des Kommunismus einsetzen, also mit unserer Verfassung auf „Kriegsfuß" stehen) als „mitreißendes, literarisches Meisterstück" gewertet.

Dem hat der Autor dieses Buches etwas entgegen zu setzen, weil er bestrebt ist, den guten Ruf, den die Banater Schwaben einst hatten, wieder herzustellen, zumindest dem deutschen Leser die wahren Eigenschaften dieser vor Augen zu führen. Und wer sich heute gegen die „literarische" Verunglimpfung (unter dem Schutz und Schirm der Künstlerfreiheit) der Opfer der ehemaligen kommunistischen Diktaturen und für die Einhaltung unseres Grundgesetzes einsetzt, wird wohl als ein „Extremist" gehalten!